Money錢

Money錢

Money錢

Money錢 **2017修訂版**

做對5個實戰步驟

你就是
賺錢高手

朱家泓 著

目錄

Part 1

積極備戰 014

初入股票市場的散戶，要先學習專業知識、建立正確觀念，並累積實際經驗，再把金錢投入市場，這樣才有機會成為贏家。

Part 2
5大實戰步驟 054

每次進場買股票都包含5個步驟，對每個步驟都做好細部規畫，並採取正確的動作，在股市中賺錢就變得很容易。

目錄

Part 3

贏家策略 316

想要賺大錢，單靠技術分析無法辦到。做股票不求每場戰役都贏，而是要贏得整個戰爭，學會贏家策略，才能成為股市贏家。

後記

自序

技術分析＋嚴守紀律
＝散戶致勝法寶

「散戶」一般定義為「小額投資人」，在股票市場上，散戶永遠是弱勢族群，資金不多、資訊最少，想要戰勝大盤，的確不容易。

▶散戶賺錢之道：技術分析

作者也是散戶，從一開始進入股市，經歷20餘年的賠錢生涯，總是想在股海浮沉中，抓到一塊能賴以求生的浮木，可惜我只是從軍中退休的小老百姓，既不認識上市公司大老闆（應該說他們不認識我），也沒有主力大戶的朋友，更沒有什麼顯赫的家世背景，所以，想要做股票賺錢，真是不得其門而入。

但是，從2006年開始學習技術分析之後，我才體悟到股票市場中沒有專家，只有輸家和贏家。許多人終其一生在求名師指導，其實股市真正的老師只有一個，那就是股票「大盤市場」，所有想戰勝大盤的技巧，都必須通過市場的考驗。透過對技術分

析的鑽研，我終於找到一條屬於「散戶」的賺錢道路。

相信技術分析 避開賠錢風險

在股票市場，很多人「看它樓起，看它樓塌」，台股在1990年2月12日，指數從歷史高點12682，下跌到4450點，多少人葬身股海，從此退出股市。

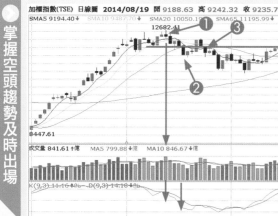

掌握空頭趨勢及時出場

❶ 1990/2/12，指數歷史高點12682，當天爆1991億元大量，KD指標高檔背離。

❷ 1990/2/16，長黑K線跌破前波低點，跌破MA20均線，KD指標向下，方向出現改變，進入盤整。

❸ 1990/2/22，黑K線跌破前一日低點，跌破MA5、MA10、MA20均線，且MA20月線下彎，空頭架構完成，當天收盤指數11749點。此時技術分析已經完成空頭架構，如果相信趨勢已經轉變，多單及時出場，當然不會慘賠到4450點。

❹、❺ 都是空頭反彈後的繼續下跌，開始做空，一路下跌大賺。

資料來源：富邦e01電子交易系統

　　宏達電（2498）由2011年4月29日的高檔1300元，之後一路下跌到2014年8月8日的最低點118元，多少散戶一路被套牢，真是情何以堪。其實我們回頭檢視一遍，如果你相信技術分析，又能夠絕對守紀律操作的話，非但不會傾家蕩產，還會賺大錢！看下面的圖例說明，就可以一目了然。

多頭轉空　宏達電一路跌

❶ 2011/5/3，前一日股價創歷史高價1300元，當天向下跳空跌，爆大量出現長黑K線，收盤跌破先前上漲7天的K線低點，跌破MA20均線，KD呈現死亡交叉，空頭排列向下，與左邊2011/4/20長紅K線對應，形成高檔夜星轉折向下組合，是高檔回檔的強烈訊號。

❷ 2011/5/16，股價向下跳空下跌，大量黑K線，收盤跌破前面低點，確認完成「頭頭低、底底低」的空頭架構，且3條均線同時空排下彎，此時多頭結束，趨勢轉空。

❸ 2011/6/10，反彈無法超越1300元的歷史高點，當天大量黑K線跌停板，收盤股價跌破季線，開始做空。此後股價一路下跌，做空大賺。

資料來源：富邦e01電子交易系統

　　下圖是宏達電由高點1300元轉空頭之後的走勢圖，下方是融資的增減，我們很清楚看到，在空頭下跌時，融資大增，融資是一般的散戶在買，結果股價卻一直下跌，散戶一路被套牢，如果這些散戶投資人能夠遵守技術分析的紀律操作，空頭不做多，只做空，怎麼會做多套牢？至2014年8月20日，股價才130元，不但大賠，而且也很難解套。

① 2011/5/16股價向下跳空下跌，出現大量黑K線，收盤跌破前面低點，確認完成「頭頭低、底底低」的空頭架構，3條均線同時空排下彎，此時多頭結束，趨勢轉空。

② 股價呈現一路空頭下跌的趨勢。

③ 每次出現黑K線、股價下跌，融資就大增，這表示散戶認為股價跌低了就去接。

資料來源：富邦e01電子交易系統

宏達電連續急殺　散戶瘋買再被套

❶ 2011/11/25，宏達電空頭連續急殺下跌，當天融資又大增，散戶認為股價由1300元跌到489.5元已經很低，所以瘋狂買進，結果又被套牢，後面2週，股價更跌到403元，這都是置技術分析走勢於不顧，硬是逆勢買進的結果。

資料來源：富邦e01電子交易系統

◆ 遵守操作紀律 搶賺多頭避開大跌

　　2014年7月28日，台股發生「基亞事件」，當天股票開盤就跌停板，往後一連下跌20支跌停板，造成散戶、大戶、金主嚴重套牢虧損。這個事件的主因是基亞（3176）開發的新藥送美檢驗，第一關便未通過。

　　2014年3月，基亞股價從200元開始飆漲時，市場就在炒作這個題材的「本夢比」，因為基亞在第一季的每股收益是賠1.11元，一家賠錢公司的股價高達200元，這就已經脫離正常

本質了，這種股票的飆漲，絕對要用技術分析、嚴守紀律來操作，在多頭上漲的階段做多，當空頭形成時立刻出場，不符合短線進場基本條件（見Part2〈短線選股條件〉），就不要進場，進場後，則要守紀律及時出場，自然就能避開風險。下圖是基亞的股價走勢圖說明：

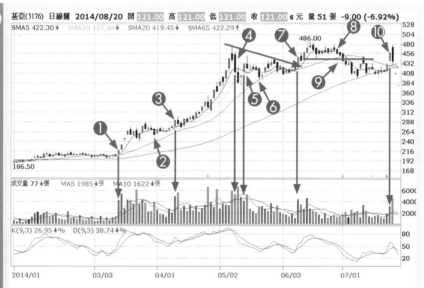

❶ 大量長紅K線突破盤整，均線4線多排向上，收盤多單217.5元進場。用「波浪型態＋雙均線（MA10、MA20）＋乖離」方法操作。

❷ 長黑K跌破MA10，收盤256.5元出場，獲利17.9%。

❸ 回檔止跌後，出現大量長紅K線突破，均線4線多排向上，收盤多單292元進場。

❹ 高檔大量長黑K線下跌，與月線乖離＞15%，獲利超過20%，按紀律跌破MA5出場，收盤410.5元出場，獲利40.5%。回檔止跌後長紅K線跳空上漲，均線4線多排向上，收盤多單430元進場。

資料來源：富邦e01電子交易系統

文接
下頁

自序

承上
頁圖

⑤ 跳空長紅上漲,收盤突破MA5,收盤430元進場。停損守低點405元。

⑥ 出現大量長黑K線,收盤跌破進場紅K線最低點,停損398.5元出場,獲利-7.3%。走勢進入盤整,待盤整結束再做。

⑦ 出現大量長紅K線突破盤整上頸線,收盤多單447元進場。

⑧ 黑K線收盤跌破MA10,MA10下彎,波浪型態出現頭頭低,按紀律收盤456元出場,獲利2%。

⑨ 放量出現長黑K線收盤跌破前面低點,空頭趨勢確認,停止做多操作。後續的下跌沒有損失。

⑩ 這根大量長紅K線跳空上漲,均線MA20方向向下,不符合做多基本條件,不進場。

　　股票走勢圖是所有參與交易的投資人共同創造出來的,尤其是控盤主力造勢形成的,此外,外資或政府也有力量主導大盤走勢方向,所以,散戶一定要具備看懂走勢圖的能力,看出圖形透露的訊號,適時調整自己的操作策略,採取不同的方法,按照紀律操作,自然能夠輕鬆應付股市的千變萬化。

　　其實,相信技術分析就是相信趨勢,順從趨勢,每個贏家不都是這麼說、這麼做的嗎?

Note

Part 1

積極備戰

想要達成任何目標，或者事業想要成功，都必須在一開始就先做好各項準備工作，股票投資當然也不例外。

初入股票市場的散戶，要先學習專業知識、建立正確觀念，並累積實際經驗，再把金錢投入市場，這樣才有機會成為贏家。

俗話說：「沒有三兩三，不要上梁山。」先準備好再出發吧！

第1章

熟悉技術分析 善用4大金剛

股票市場中的投資人有法人、外資、公司、主力、大戶、中實戶，以及散戶，每個人都希望賺錢，所以競爭激烈。散戶是其中最弱勢的投資人，擁有的資金最少，沒有第一手資訊，更不可能有研究團隊。在這麼差的條件下，要在股市賺錢，必須有一套完整的訓練計畫，包括學習專業知識，透徹了解操作流程，掌握策略方法，建立正確觀念，在對的時間做對的動作，才能戰勝股市，成為股市贏家。

▶學會技術分析的「4大金剛」

工欲善其事，必先利其器。技術分析是股市操作的工具，不但要學會、要熟練，更要爐火純青。說實在的，在股票市場上，散戶可以相信或依賴的東西實在不多，技術分析雖非百分百不會出錯（包括市場本身也一樣會出錯），但它的確是最值得信任的股市投資工具。

　　基本的技術分析要學會「波浪型態」、「K線」、「均線」和「成交量」，這4項我稱為技術分析的「4大金剛」，每個皆有特定的用途，以下用圖例簡要說明，更詳細的內容可參考我另一本著作《抓住飆股輕鬆賺》。

金剛1　波浪型態

　　操作股票首先要看對趨勢方向，做錯方向怎麼可能賺錢？方向的判別，當然不能用猜的，依據「道氏理論」（Dow Theory），多頭、空頭或盤整都有一定的走勢型態，若學會了，就已具備能夠看出股票走勢的能力。

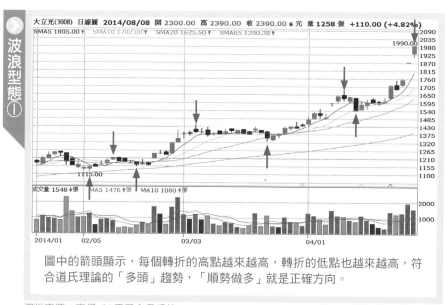

圖中的箭頭顯示，每個轉折的高點越來越高，轉折的低點也越來越高，符合道氏理論的「多頭」趨勢，「順勢做多」就是正確方向。

資料來源：富邦e01電子交易系統

波浪型態②

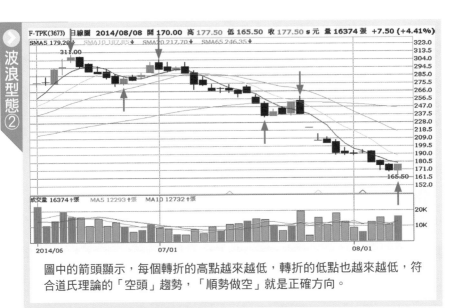

圖中的箭頭顯示，每個轉折的高點越來越低，轉折的低點也越來越低，符合道氏理論的「空頭」趨勢，「順勢做空」就是正確方向。

資料來源：富邦e01電子交易系統

波浪型態③

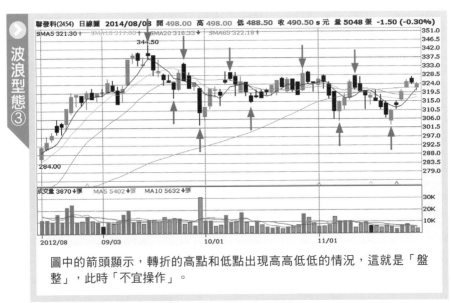

圖中的箭頭顯示，轉折的高點和低點出現高高低低的情況，這就是「盤整」，此時「不宜操作」。

資料來源：富邦e01電子交易系統

金剛2　　K線變化

　　K線看的是每天買賣雙方的交易意願強弱，也就是説，K線可呈現當天看多及看空的投資人力道，這些力量的改變，可以研判走勢的延續，或者走勢將出現轉折的情況。

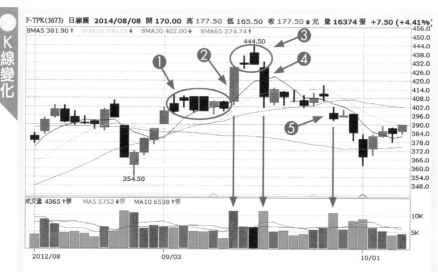

觀察每天的K線變化，可以在高檔時掌握反轉的訊號。

❶ 股價連續上漲後，K線在上方橫盤5天，多空雙方對峙。

❷ 出現大量長紅K線，股價上漲，多方勝出。

❸ 連續2天出現黑K變盤線，多方上攻力道減弱，應注意可能向下轉折。

❹ 當天開低盤，顯示股價上攻的企圖不強，收盤出現大量長黑，顯示空方力道極強，連續4天K線形成「夜星轉折」的向下訊號。

❺ 股價於低檔盤整6天，出現大量向下跳空的黑K，反轉成空頭趨勢。

資料來源：富邦e01電子交易系統

金剛3 ▶ 均線

　葛蘭畢（Joseph Granville）發明的均線，以不同期間的收盤平
均值繪成曲線，是一種收盤平均成本的概念。觀察股價在均線
之上或之下，可以看出股價的強弱走勢變化。

均
線

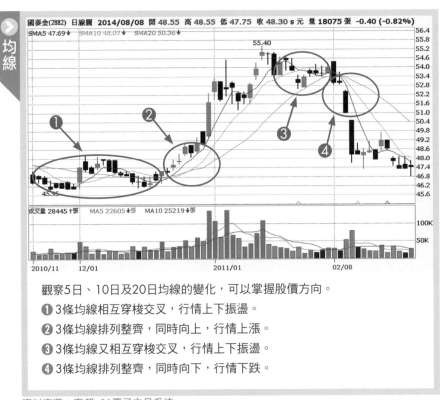

　觀察5日、10日及20日均線的變化，可以掌握股價方向。
❶ 3條均線相互穿梭交叉，行情上下振盪。
❷ 3條均線排列整齊，同時向上，行情上漲。
❸ 3條均線又相互穿梭交叉，行情上下振盪。
❹ 3條均線排列整齊，同時向下，行情下跌。

資料來源：富邦e01電子交易系統

金剛4　　成交量

　　觀察成交量與股價變化的關係，再看所在的位置，就能研判是誰在買、誰在賣。

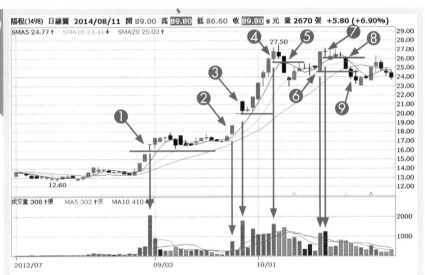

資料來源：富邦e01電子交易系統

❶ 股價橫向盤整後上攻，出現大量，後續股價沒有跌破這根大量K線的低點，這是攻擊的進貨量。

❷ 股價高檔盤整之後，再出現大量上攻，次日股價漲停板，這是攻擊的進貨量。

❸ 股價連續上漲出現黑K大量，後續沒有跌破這根大量黑K線的低點，這是續攻的換手量。

❹ 股價連續上漲9天的高檔，再出現紅K線大量，要密切觀察後續股價是否跌破這根大量紅K線的低點，決定是出貨量或換手量。

❺ 長黑K線跌破了大量紅K線的低點，前面的大量是漲多的出貨量。

文接
下頁

承上
頁圖

❻ 高檔回檔後，再出現大量長紅K線上攻，要密切觀察後續股價走勢，以及股價是否跌破這根大量長紅K線的低點，決定是出貨量或進貨量。

❼ 當天出現更大量的變盤十字線，反應昨日大量上漲，今日盤中多空勢均力敵，有變盤的味道，要特別注意次日的股價走勢。

❽ 次日長黑K線下跌，跌破大量的變盤十字線的低點，同時出現「頭頭低」的走勢，高檔出現M頭，而且雙頭都出現大量，是主力明顯出貨的現像，多單要出場。

❾ 再出現長黑K線下跌，跌破前面長紅K線低點，頭部大量為主力出貨量。

資料來源：富邦e01電子交易系統

◆ 金剛合體 實際應戰

技術分析的「波浪型態」、「K線」、「均線」、「成交量」4大金剛，雖然各有其功能，但是在實戰應用時，必須金剛合體、面面俱到，再加上熟練的分析應用，才能真正發揮技術分析的神奇力量。

技術分析4大金剛可提供散戶投資人以下6項實戰應用：

實戰1：選出高勝率及高獲利率的股票。

實戰2：判斷最佳進場位置。

實戰3：在走勢圖上設定停損，控制可能的風險。

實戰4：看出趨勢方向的改變，即時調整多空操作策略。

實戰5：買進股票後要用什麼方法操作獲利。

實戰6：賣到相對的高價，賺取最高的停利。

這6大實戰應用正是本書的主要宗旨，將分別在後續篇章中詳細說明。

◎用對指標 如虎添翼

　　市場上還有許多指標，以市場數值經驗，設定固定參數，反應當下市場的狀況。其中有一些是經過相當繁複的數學計算而來，一般散戶沒有必要去搞懂，只要了解指標的特性即可。善用指標，配合趨勢走向，就可以提高選股進場的成功機率。

　　最常用的如MACD、RSI、KD等，只要精通1～2個指標，純熟搭配運用，就能掌握股價變化，在投資上具有加分的功效。

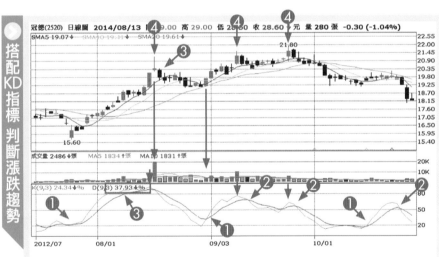

❶KD指標在低檔黃金交叉向上，對應上面走勢圖，股價開始上漲。

❷KD指標在高檔死亡交叉向下，對應上面走勢圖，股價開始下跌。

❸股價連續上漲，KD指標在80之上，表示超買過熱，當上面股價出現下跌黑K線時，開始回檔修正。

❹上面走勢圖的高點越來越高，可是對應下面的KD指標卻是高點越來越低（紅線轉折高點），這是指標出現高檔背離現象，走勢容易做頭，後續走勢轉為空頭。

資料來源：富邦e01電子交易系統

第2章
看懂致勝數據 再踏入股市

《**孫**子兵法》第1篇〈始計篇〉說：「夫未戰而廟算勝者，得算多也；未戰而廟算不勝者，得算少也。多算勝，少算不勝，而況於無算乎？」

這句話是在說明，用兵之道，必須「謀而後戰」，戰前要先算計自己的取勝條件，取勝的條件夠多，然後再出兵，才有獲勝的可能；反之則容易失敗。僅憑匹夫之勇，毫無算計謀略就出兵，必遭失敗。

同樣的，在商場上，企業的成功建立在縝密的資訊蒐集分析、目標設定，以及達成策略，如果沒有遠見、沒有計畫，盲目投資，必會遭到重大的損失。在爾虞我詐、刃不見血的股票市場上，戰況之慘烈不亞於戰爭或商場的競爭，更要有充足的致勝準備及算計，再投入金錢，否則必定賠得血本無歸，投資人不可不慎。

台股投資的致勝條件之一，就是要了解影響台股的因素。這

些因素分為外在及內在兩類，分別介紹說明如下。

◇ 影響台股走勢的3個外在因素

外在因素指的是國外股市的走勢，會對台股造成不同程度的影響。

外在因素1　美國股市4大指數

1. 道瓊指數（DJ）

道瓊工業平均指數，反應美國30種主要製造業的股票行情。

2. S&P 500指數

標準普爾500股價指數，從紐約股票交易所選出美國前500大上市股票而編製的股價加權平均指數，涵蓋範圍較廣，能精確反應美國市場狀況。

3. 那斯達克指數（NAS）

屬於美國的櫃台買賣中心，專門提供高科技股的交易市場，較容易影響台灣電子股的走勢。

4. 費城半導體指數

由美國費城證券交易所編製，取樣30檔半導體上游重量級公司組成，為半導體類股的重要指標。

美國是世界經濟的龍頭，美股的漲跌，自然牽動國際股市，在平常，美股的漲跌與台股的連動性並不高，但是若遇到下面2種情況，對台股的當天走勢就會造成影響：

情況1 美股收盤大漲1.5%以上，台股當天容易開高走低。

例如：

2012/08/06：美股+1.7% ➡ 台股開盤7278、收盤7223
2012/09/07：美股+1.9% ➡ 台股開盤7471、收盤7404
2012/11/20：美股+1.7% ➡ 台股開盤7174、收盤7132
2013/10/11：美股+2.2% ➡ 台股開盤8407、收盤8349

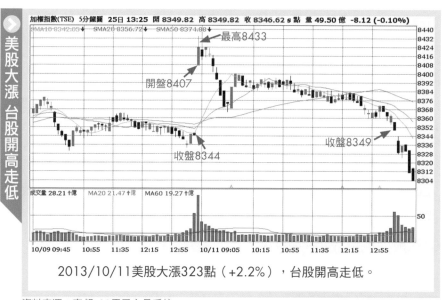

美股大漲 台股開高走低

2013/10/11美股大漲323點（+2.2%），台股開高走低。

資料來源：富邦e01電子交易系統

　　因此，遇到美股大漲，台股會開高，但是不能在開盤去追買股票，因為很容易當天就被套牢。

情況2 美股收盤大跌1.5%以上，台股當天容易開低走高。

例如：

2012/10/22：美股-1.5% ➡ 台股開盤7300、收盤7360
2012/10/24：美股-1.9% ➡ 台股開盤7230、收盤7347

2012/11/08：美股-2.4% ➡ 台股開盤7158、收盤7220
2013/08/16：美股-1.5% ➡ 台股開盤7854、收盤7925
2014/08/01：美股-1.8% ➡ 台股開盤9223、收盤9266

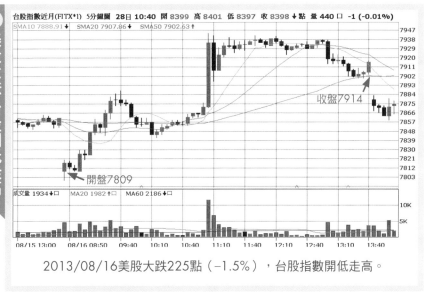

2013/08/16美股大跌225點（-1.5%），台股指數開低走高。

資料來源：富邦e01電子交易系統

　　因此，遇到美股大跌，台股會開低，但是不能在開盤去賣股票，因為容易賣在當天最低價。

外在因素2　歐洲股市

　　歐洲股市原本與台股連動性不高，但在發生歐債危機之後，影響世界經濟遽增，雖然歐洲股市與台股連動很小，我們每天仍然要關注其走勢。歐股主要以「德國DAX」、「倫敦金融（FTSE）」、「法國CAC」3者為重要指標觀察即可。

外在因素3 ▶ 亞洲股市

1. 日經指數

　　根據日本股市中具代表的225種股價指數編製。上午8點開盤，與台股連動性不高，觀察即可。

2. 韓國綜合指數

　　由於韓國近年來成為我國重要的競爭對手，因此與台股連動關係密切，大致觀察重點如下：

重點1：影響台股開盤位置：韓國上午8點開盤，接近8:45，韓國上漲0.5%，我們期貨指數開盤，大多也會隨同上漲0.5%，連動約有8成左右。例如：2013/9/17美股上漲119點（+0.8%），韓股8:40跌11點（−0.5%），台期開盤跌30點（−0.4%），不隨美股上漲，而是隨韓股下跌。

重點2：台股盤中走勢也會受到韓股盤中大漲大跌的影響。

重點3：整體大盤走勢方向與韓股走勢方向大約一致。

重點4：當天台指期開盤若比韓股弱，今日台股將會走弱。

重點5：當天台指期開盤若比韓股強，今日台股將會走強。

　　例如右頁圖中，2013/10/30（摩台結算）美股上漲111點（+0.7%），韓股8:40跌7點（−0.4%），台指期開盤漲16點（+0.2%），與韓股不同步，比韓股強，當天台股上漲44點，同時再創新高。台股走勢的轉折位置，與韓股走勢的轉折位置

台股大盤走勢的轉折位置

資料來源：富邦e01電子交易系統

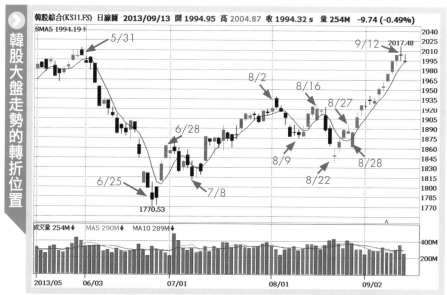

韓股大盤走勢的轉折位置

資料來源：富邦e01電子交易系統

幾乎相同。

3. 大陸指數

影響中概股走勢及傳產水泥、鋼鐵、航運等類股。主要有：

上證A股指數：上午9:30開盤

深圳A股指數：上午9:30開盤

4. 香港恆生指數

香港恆生指數於上午10點開盤，與台股連動性不高。

◎▶影響台股走勢的4個內在因素

內在因素1 ▶ **法人買賣超**

投資人通常會藉由3大法人的買賣超，看法人對多空的看法，其中自營商、投信視為內資，外資及陸資視為國外資金。其影響台股的研判方式為：

研判1：連續買超看多，連續賣超看空（連續3天以上買或賣）。

研判2：連續買超轉賣超，看多轉弱。

研判3：連續賣超轉買超，看空轉強。

研判4：3大法人一致買超，同步看多。

研判5：3大法人一致賣超，同步看空。

研判6：內資與外資不同步，容易盤整震盪。

研判7：外資買賣超，主導台股方向比較明顯。

　　從下圖可以看出，當外資連續買超時，大盤上漲；當外資連續賣超時，大盤下跌；而投信持續賣超，大盤有漲有跌。

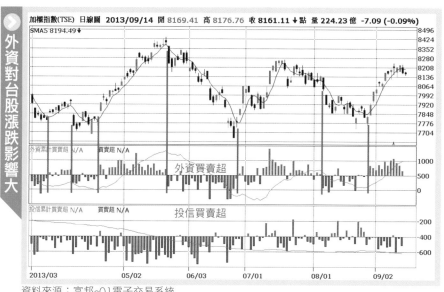

資料來源：富邦e01電子交易系統

內在因素2　融資融券

對融資融券的基本認知有下列4點：

認知1：融資大部分代表散戶，為看多的買盤，是潛在賣壓。

認知2：融券大部分代表大戶或法人，為看空的賣盤，是潛在的支撐。

認知3：價漲代表主力大戶看好或看漲，價跌代表主力大戶看不好或看跌。

認知4：資券增減與股票趨勢、股價位置、股價漲跌關係密切，要一起研判。

另外，對於資券變化有以下7個分析重點：

重點1：低檔起漲階段，融資餘額增加，代表更多投資人看好股市，對多頭有利。

重點2：上漲一段，融資餘額偏高，代表已有許多人手上握有股票，這時想買的人減少，想賣的人增加，上檔賣壓變重，隨時會有人大量殺出，對多頭不利。

重點3：高檔融券餘額增加，代表許多投資人認為股價會跌，所以借股票來賣，對多頭不利。

重點4：下跌一段，融券餘額偏高，代表有更多人早晚要融券回補，所以反而會造成股價上漲，對多頭有利。

重點5：一般而言，融資者多是散戶，所以由融資增減與股價變化，常能研判大戶動向及股價走勢：

①融資增加、股價上漲：大戶與散戶都看好後市。

②融資減少、股價下跌：大戶與散戶都看壞後市。

③融資增加、股價下跌：散戶看好後市，大戶看壞後市，這也表示大戶有可能趁機出脫持股。

④融資減少、股價上漲：散戶看壞後市，大戶看好後市。

重點6：3大法人的買賣與融資關係：

① 融資增加，法人買進股價看漲。

② 融資減少，法人買進股價看漲。

③ 融資增加，法人賣出股價看跌。

④ 融資減少，法人賣出股價看跌。

重點7：我們不能只憑資券變化就判定多空，還要配合股票
　　　 的位置、成交量的變化、股本的大小等，進行整體
　　　 判斷。

內在因素3　　法人期指留倉

期指留倉主要有3個觀察對象：

對象1：3大法人——外資及陸資、投信、證券自營商。

對象2：前5大交易人、前10大交易人。

對象3：前5大特定法人、前10大特定法人。

期指留倉則有下列8個觀察重點：

重點1：所有留倉的對象都持多單，一致看多。

重點2：所有留倉的對象都持空單，一致看空。

重點3：所有留倉的對象持單有多有空，看法分歧，盤面容
　　　　 易振盪。

重點4：外資留單在1.5萬口以上（多單或空單），大盤比較
　　　　 容易走外資留單的方向。

重點5：往結算日靠近時的多單或空單持續增加，也可看出
方向。

重點6：內資（以自營商為主）與外資多空單方向相反達
5000口以上，容易對做，盤中容易上下振盪，振幅
會擴大。

重點7：全市場期貨未平倉大於8萬口以上，盤中就容易有急
漲急跌情形出現。

重點8：期指結算前3天（含結算日），期貨多空單仍大時，
可做特定方向。

以右頁圖為例，2014/8/6（三）當天內資投信與自營商合
計多單13024口，外資空單17406口，全市場總留倉達80108
口，當天盤中出現殺低拉高的拉鋸盤走勢。

內在因素4 ▶ **台股的結構變化**

變化1：台股有電子、金融、非金電三大組合，其中電子股
影響大盤指數最大，擔當大盤指數上漲的攻擊部
隊，金融股擔當大盤指數防守的部隊，非金電類股
是穩盤的角色。所以觀察這3大類股走勢的強弱，可
以掌握大盤的強弱。

變化2：台指期貨量、價、線的走勢及電子期、金融期、非
金電期的走勢為現貨的領先反應。

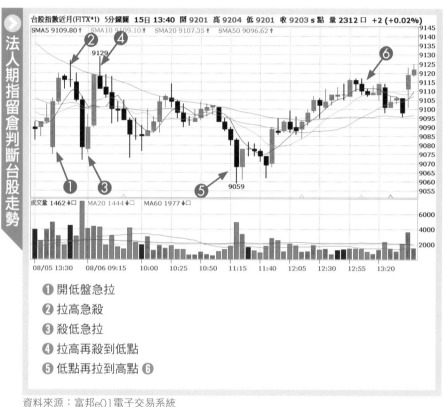

法人期指留倉判斷台股走勢

❶ 開低盤急拉
❷ 拉高急殺
❸ 殺低急拉
❹ 拉高再殺到低點
❺ 低點再拉到高點 ❻

資料來源：富邦e01電子交易系統

變化3：摩台指的量、價、線反應國外交易人對台股未來走勢的看法，值得重視。

變化4：大盤上漲家數與下跌家數的相對比例，以及漲停家數與跌停家數的數量，可以看出多空強弱的氣勢。

變化5：權重指標股的走勢，影響大盤指數漲跌甚巨，例如台積電上漲1%，約大盤上漲8點。

電子股指標：2330 台積電
　　　　　　2317 鴻海
　　　　　　3673 F-TPK
　　　　　　2498 宏達電
　　　　　　3008 大立光
　　　　　　2454 聯發科

金融股指標：2882 國泰金
　　　　　　2881 富邦金
　　　　　　2886 兆豐金

傳產股指標：1301 台塑
　　　　　　6505 台塑化
　　　　　　1303 南亞
　　　　　　1326 台化
　　　　　　2412 中華電
　　　　　　2002 中鋼

內在因素5 ▷ 政府政策的影響

政府政策造成的影響有以下2個狀況：

狀況1：政府政策做多或基金護盤，大盤易漲難跌。

狀況2：政府政策做空或認為股市過熱，大盤易跌難漲。

第3章

篩選好股票
建立賺錢資料庫

好的開始是成功的一半。如果能夠投資到好股票，成功獲利不但容易，而且也很驚人。不過，天下沒有白吃的午餐，想要選到強勢股，要有方法，然後加上不斷練習，選股功力就會日漸增強。選股是進場前的準備工作，也是每天要做的工作，這個步驟做得越好，進場賺錢的機會越大。

我講授投資理財課程這幾年，經常有學生問：「台股有1千多檔，到底要怎樣才能選到會漲的股票？」其實，這也是一般散戶常常遇到的問題，因為每個時期都會出現不同的好股票，所以，選股便是投資人的日常功課。

投資人平常就應該蒐集具有上漲或下跌潛力的好股票清單，當機會來了，自然就可以從容進場，正所謂：機會是留給準備好的人。

我們可由下面幾個方向，逐步選出好的股票。

◉ 觀察強弱勢股 篩選潛力好股

　　每日收盤後，投資人都可透過券商的交易軟體，列出當天漲幅最大或跌幅最大的前100檔股票，只要持續追蹤，每天觀察（當然也要有技術分析的能力），很容易就能發現主流類股、近期的強勢股、弱勢股、走勢很好的波段股、短線轉強或轉弱的個股，以及日後的黑馬潛力股。

　　篩選好股票有以下7個方式：

篩選1：整理強勢和弱勢股

　　每天收盤後，把當日上漲3.5%以上的強勢股票，以及下跌3.5%以上的弱勢股票，全部看一遍（至少前50檔）。

篩選2：去除壞股票

　　利用技術分析，去除線形不好、看不出方向、成交量太小（無法多買，買到之後不易賣出），以及價格太低（容易遇到地雷股）的股票。

篩選3：做多潛力股

1. 大盤在月線之上多頭，個股呈現多頭架構，股價在月線之上，月線上揚。

2. 類股必須是多頭，且比大盤強，如下頁3張線圖。

3. 在強勢類股中，找出1～3檔龍頭股或走勢較強勢的個股。

4. 提前尋找未來將會發酵的題材，如4G、光纖、節能、智慧電視、物聯網、電動車、機器人……

大盤呈現上漲趨勢

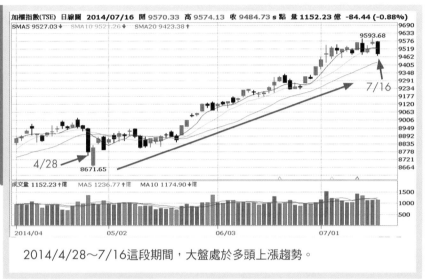

2014/4/28～7/16這段期間，大盤處於多頭上漲趨勢。

資料來源：富邦e01電子交易系統

電子股同為多頭格局

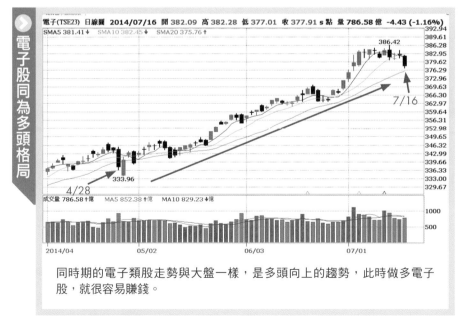

同時期的電子類股走勢與大盤一樣，是多頭向上的趨勢，此時做多電子股，就很容易賺錢。

資料來源：富邦e01電子交易系統

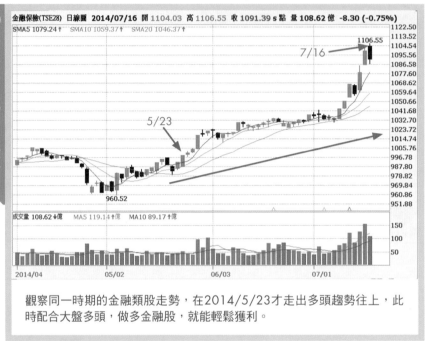

金融股出現向上走勢

觀察同一時期的金融類股走勢，在2014/5/23才走出多頭趨勢往上，此時配合大盤多頭，做多金融股，就能輕鬆獲利。

資料來源：富邦e01電子交易系統

篩選4：做空潛力股

1. 大盤在月線之下空頭，個股空頭架構，股價在月線之下，月線下彎。

2. 類股要空頭，比大盤弱，如以下線圖。

3. 在弱勢類股中，找出1～3檔領先下跌的股票或走勢最弱的個股。

4. 漲多領先下跌的個股，或是沒有基本面、因為炒作超漲後下跌的股票。

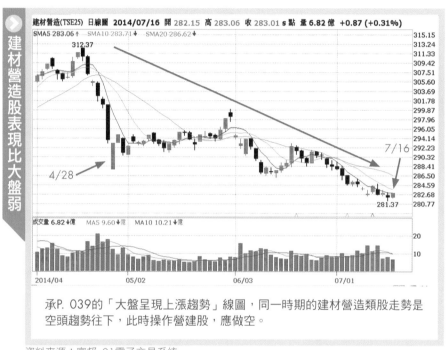

承P. 039的「大盤呈現上漲趨勢」線圖，同一時期的建材營造類股走勢是空頭趨勢往下，此時操作營建股，應做空。

資料來源：富邦e01電子交易系統

篩選5：看當日強勢股

1. 觀察今天強勢股的個股走勢圖波浪型態，先看是否符合多頭的趨勢，如果是多頭股票，今天大漲是否為多頭起攻的位置？是上漲行進中的繼續大漲，還是打底或盤整中的一日大漲？如果是一檔多頭的好股票，就可以挑出來鎖股，準備做多。

2. 觀察今天強勢股的個股走勢圖波浪型態，先看是否符合空頭的趨勢，如果是空頭股票，今天大漲是否為空頭的反

彈？或是盤整中的一日大漲？如果是一檔空頭的好股票，便可以挑出來鎖股，準備反彈結束再做空，或者盤整跌破時再做空。

篩選6：看當日弱勢股

1. 觀察今天弱勢股的個股走勢圖波浪型態，先看是否符合空頭的趨勢，如果是空頭股票，今天的大跌是否為空頭起跌的位置？是下跌行進中的繼續大跌？還是做頭或盤整中的一日大跌？如果是一檔空頭的弱勢股票，就可以挑出來鎖股，準備做空。

2. 觀察今天弱勢股的個股走勢圖波浪型態，先看是否符合多頭的趨勢，如果是多頭股票，今天大跌是否為多頭的回檔，或是盤整中的一日大跌？如果是一檔多頭的好股票，就可以挑出來鎖股，準備回檔結束再做多，或者盤整突破時再做多。

篩選7：其他觀察重點

1. 觀察今天強勢股中，是否有某個特定類股今天都很強。例如突然看到今天有許多太陽能的股票漲停，就要注意觀察太陽能類股是否開始轉強。

2. 連續幾天都看到某些題材股在發飆，這個題材股就有可能成為主流類股。

3. 前些日子都是強勢上漲的多頭股票，今天突然在弱勢股中看到它跌停板，有可能是這支股票要回檔，或者這個類股

要轉弱了。

4. 多頭看價量的配合，籌碼變化看3大法人買賣超、融資融券增減，是否有經過洗盤再漲的狀況。

5. 看個股週線走勢方向如何，觀察有沒有長線的機會。

6. 觀察日線及週線的MACD、KD指標，是否在高檔向下或低檔向上。

7. 觀察近3～5日K線的變化，是否有短線轉折的機會。

8. 多頭時，看該股是否屬於主流股、題材股、應景股、轉機股、軋空股。

9. 觀察均線的排列及位置，是否呈現多頭排列向上或空頭排列向下。

10. 預估機會獲利空間及風險範圍。

11. 看是否有明天可以進場的標的（挑選最佳的3～5檔）。

❯ 精選好股 建立財庫

投資人若能依照上述方法，每天觀察強勢股和弱勢股，就能從中挑出許多有潛力的多頭及空頭股票，再用這些股票建立一個資料庫（也有人稱為「水庫」），以便於鎖股應用。

基本上，鎖股可分為鎖做多與鎖做空兩部分，再依據類股的強弱順序排列，每天檢視變化，把最強勢、近期有機會發動的股票，優先排列在前5檔，這樣就能在盤中快速掌握最佳的進場機會。

第4章

要投資穩穩賺
別投機賺價差

在一次退休同事聚餐上，我遇到一位昔日長官的夫人，她聽說我對股票略有研究，便問我，若是投資股票被套牢了，該怎麼辦？

原來，長官於2007年退休時，領了一筆退休金，想說放在銀行利息很少，而去買股票，認為配股配息的獲利率較高，於是挑選了台灣資產最大、經營穩健的金融股國泰金（2882），並於2007年7月，國泰金股價由高點92元下跌到86元時買進；然而，國泰金卻從此一路往下，去年初聚餐時，股價已剩37.4元。一檔股票抱了6年，投入的資金就賠了56.5%，即使配了幾年的股利，也不夠彌補賠掉的本錢。

大多數散戶進入股市都有一個盲點，認為買股票是「投資」，但是真的買進股票之後，確是抱著「投機」的心態，總希望自己買的股票夠能快速上漲，如股價不漲或下跌，就賣掉；要不然，就是想投機買進，希望能夠快速賺錢，結果股價

下跌，又捨不得停損賠錢賣出，甚至覺得公司本質還不錯，所以改成長期投資，想分得股息股利，結果造成長期下跌套牢，本金損失慘重。其實，這些做法都不能算是投資。

上面這些做法是投資與投機不分，操作腳步紊亂，當然不可能操作出好績效。所以，在準備一筆資金投入股市之前，應該要先想清楚，是要「投資」一檔股票，領取股息股利，還是「投機」一檔股票，賺取差價；這兩者的條件和操作的方法、策略大大不同。接著，就把投資與投機的差異分別敘述如下：

◗ 投資賺股利

● 買股票的目的

1. 打算長期持有。
2. 以獲取穩定分配股息、股利為目的。
3. 當股價大幅上漲時，也可賣出股票賺取價差，賺取獲利。

● 選股的標的

要投資好的股票，盡量在台灣100、台灣50、富櫃100中，挑選基本面好的標的。

● 選股的方法

1. 以基本面為主

公司財務及營業狀況，包括公司股本、公司資產、營業項

目、董監事、現金流量、營業額年增率及月增率、毛利率、淨利率、淨值比、近5年以上配股配息狀況及政策、財務結構、本益比、公司股東報酬率，並且考慮公司產業的穩定性及產業未來的發展。

2. 以價值型投資為主

研究公司基本面，評估應有的合理價值，例如中華電（2412），公司股本775億元，淨值為48元，近5年配息平均達5元，為國內電信業的龍頭ㄙ，未來發展4G業務，公司經營穩健，評估後合理的投資價值應在50～60元間。

判斷股票現行價位是否合理，並研究未來經營發展空間，做長期的投資，賺取長期的報酬，股票在合理價位之下即可承接。例如上述的中華電，當價格回到60元之下，就可以考慮長期投資。近3年中華電股價都在90元之上，其實是不適合做長期投資的。

2014年7月，中華電股價在95元上下波動，自然不適合用投資方式買進股票。就技術面而言，下頁圖中這兩根月線突破前面高點的紅K線，股價雖然在68元及70元，卻是投機買進的好機會，後來股價分別漲到83.2及111元，分別獲利22.4%及58.5%，獲利遠遠超過配股配息。

中華電（2412）歷年配股配息					單位：元
年度	現金股利	股票股利			合計
		盈餘配股	公積配股	小計	
2013	4.53	0	0	0	4.53
2012	5.35	0	0	0	5.35
2011	5.46	0	0	0	5.46
2010	5.52	0	0	0	5.52
2009	4.06	0	0	0	4.06
2008	3.83	0	1	1	4.83
2007	4.26	0.1	2	2.1	6.36
2006	3.58	0	1	1	4.58
2005	4.3	0.2	0	0.2	4.5
2004	4.7	0	0	0	4.7

股利如以5元計，合理本益比10倍，計算值得長期投資的價位應該是50元，如果股價來到50元以下，是投資的好價位。

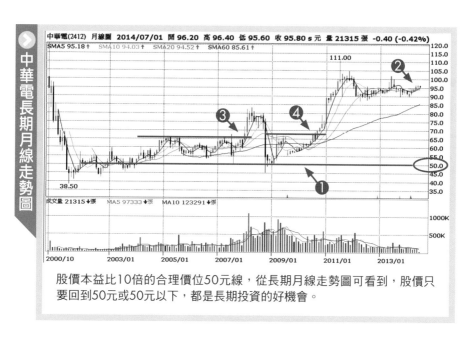

股價本益比10倍的合理價位50元線，從長期月線走勢圖可看到，股價只要回到50元或50元以下，都是長期投資的好機會。

◐投機賺價差

● 買股票的目的

1. 不打算長期持有或不以獲取股息股利為目的。

2. 在上漲或下跌發動時進場，賺取一段時期股價上漲或下跌的價差利潤。

3. 走勢不理想或跌破進場時設定的停損，立刻出場。

4. 基本面做參考，以技術面為操作依據，任何價位，只要有上漲或下跌的機會，都可以進場。

● 選股的標的

全部上市上櫃的股票，只要符合投機的條件（技術分析看機會），基本上都是選股的標的。

● 選股的方法

1. 以技術面為主

利用走勢圖的波浪型態、K線、均線、切線、成交量、各種指標的技術分析數據，推測未來價格的轉折變動及趨勢的改變，以選擇股票。預測短期內股價漲跌趨勢，可以掌握具體的買賣時機，以股價本身的變動為主軸。

2. 以投機獲利為主

選擇有題材、當下主流、有轉機的中小型股票，或者是有主力或法人介入操作的股票，以及技術線型好的強勢股。

基本面與技術面是絕配

綜合前面所説的重點，可歸納出下面3個重點：

重點1：「基本分析」以公司本身具有的價值，衡量現在股價高低，是否值得長期投資。「技術分析」則是透過圖形量化指標，推測股價的變動，看是否有上漲或下跌的機會，進場操作價差獲利。

重點2：透過「基本分析」，可以了解所要購買的股票的本質。透過「技術分析」，則可把握具體的買賣時機。

重點3：成功的投資人是把兩種分析結合運用，用「基本分析」估計較長期趨勢，用「技術分析」判斷短期走勢及進出時機。

只要充分了解股票投資與投機的不同之處，我們就可以根據自己買賣股票的定位，在進場前做好準備，選好買進的股票。這樣一來，買進股票之後，就很清楚自己在做什麼、以及要做什麼了。

第5章

武裝自己
變身股市贏家

投資人如果想要成為股市贏家,必須奉行「投資之道,趨勢為師,順勢而為,堅守紀律」的贏家最高圭臬。

投資之道:想走股票投資這條路,就要找到正確的方向,用正確的方法,做正確的事,才能到達成功獲利的彼岸,見到股市如來。

趨勢為師:大盤的趨勢方向,就是引領我們前進的明燈,大盤的變化就是淬煉我們的導師,天大地大,趨勢最大,投資時,要謙卑恭謹地跟隨趨勢。

順勢而為:借力使力,順水推舟,事半而功倍。順天應勢,得道者富,賺錢如反手折花。

堅守紀律:股市狡詐,千變萬化,迷惑股海眾生,人心善變,恐懼貪婪,無法自持,唯定法堅守,以不變之法,照股市眾妖,定法依法,去雜亂之源,歸萬念於一,此定心矣!

❯ 穿上贏家的戰鬥裝備

請記住，「機會永遠留給準備好的人」。只要你準備好，股票市場永遠都有機會。

準備1　**下定決心 完成目標**

● **目標**：達到致富、悠閒、愉快的人生。
● **執行**：學習專業知識、經營事業態度、尋找賺錢方法、累積操作經驗、擬訂資金計畫、訓練穩健獲利。
● **堅持**：堅持目標決不放棄、堅持每日做功課研究圖形、堅持守紀律操作能夠賺錢的方法、堅持每日進步。

準備2　**安排學習課程**

● 技術分析初階班（1.5個月～3個月）
● 技術分析中高階班（1.5個月～3個月）
● 型態＋心法班（1.5個月）
● 練功班（3個月～6個月）
● 四大金剛專修班（視個人需要加強）
● 實戰操作經驗累積（1～2年）

準備3　**修練禪定心法**

● 按部就班學習及練功。
● 定法定心，等好機會才進場，做到股不動我不動，股一動我

即動。

● 股票賺錢是「等」來的，機會錯過，等下次機會。

● 股票賺錢是「忍」來的，停損要忍痛出場，停利未到要忍住
續抱，趨勢不明要忍住不要進場。

● 股票賺錢是「穩」來的，勝率高的股票才操作，有獲利空間
的股票才操作，穩健獲利，累積財富。

　　除了遵守「贏家圭臬」，投資人還必須做好上述幾項準備，
武裝自己，才能成為股市贏家。

Note

做對5個實戰步驟
你就是賺錢高手

Part2

5大實戰步驟

　　我們把每次進場買股票，當做一次交易，每次交易流程包含下面5個步驟，如果對每個步驟都能做好細部規畫，並採取正確的動作，在股市中賺錢就變得很容易。能否徹底執行這些步驟，才是成功的關鍵。

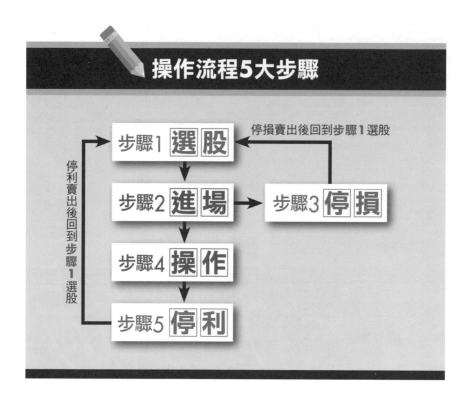

步驟1 選股

- 從基本面、題材面、主流類股、強勢股選股。
- 從技術面選股。
- 建立資料庫鎖股。

步驟2 進場

- 做好資金分配，規畫進場數量，採取一次或分批進場。
- 技術面符合條件，決定做多或做空，做長線波段，還是短線價差套利。
- 在多空最有利的進場位置，於日線進場。

步驟3 停損

- 進場後立刻設好停損。
- 停損設定後不能更改。
- 嚴格執行停損。
- 停損結束交易後,再回到步驟1選股。

步驟4 操作

- 依據短、中、長線,選擇固定的操作方法。
- 定心定法,守紀律操作。

步驟5 停利

- 依操作定法的紀律停利。
- 固定獲利目標的停利。
- 支撐壓力的停利。
- 型態目標的停利。
- 重大突發危機停利。
- 停利是全部交易的結束,停利結束後,交易再回到步驟1選股。

▶ 操作流程小叮嚀

① 操作流程的5大步驟缺一不可,每個步驟同等重要,必須專心做好每個步驟,才能成功。

② 每個流程都是獨立運作,完成停損或停利後,都是另外一次交易的開始。

③ 任何交易無法百分之百成功,每次進場時,對風險的控管永遠擺在第一位,要嚴格執行自己訂定的停損。

步驟 1

選股

操作流程的第1步是選股,操作情況不同,選股的條件也不一樣。以下將從短、中、長線做多或做空的不同情況,分別探討選股的條件,讀者可從實戰範例中了解選股SOP及操作技巧。

第1章

> ## 選股SOP：
> # 短線做多

短線操作股票，當股票的**日線**完成下列幾項條件時，可以短線做多：

1. 趨勢條件

日線波浪型態（趨勢）符合「頭頭高、底底高」的多頭架構。

2. 均線條件

日線的均線3線（MA5、MA10、MA20）多頭排列，均線向上（注意：季線如果還在股價上方，而且是下彎走勢，當股價上漲靠近時，會有壓力產生）。

3. 股價位置

股價收盤在3線（MA5、MA10、MA20）之上，同時看股價在整個上漲趨勢中，是位居初升、主升或末升階段。

4. 成交量

底部打底時有大成交量（代表有人在買），發動攻擊上漲的K線有攻擊量（當天成交量比前一日成交量增加1.2倍以上，如

有2倍以上，攻擊力道更強）。

5. 指標參考

日線KD指標黃金交叉向上，MACD指標多頭排列向上，OSC綠柱轉紅柱。

6. 可能的獲利目標

- 上面季線、半年線、年線的壓力。
- 往上（由右向左看）轉折的低點（底部）和高點（頭部）的壓力。
- 往上盤整區的壓力。
- 往上大量向下跳空形成缺口的壓力。
- 往上出大量的K線被跌破後，造成後來上漲的壓力。
- 下跌趨勢形成的下降切線壓力。
- 如是型態突破後上漲，型態的目標價滿足點會形成壓力。

7. 等待進場位置

- 多頭回檔後再上漲的大量中長紅實體K線。
- 多頭突破盤整上漲的大量中長紅實體K線。

◎短線做多重點提示

1. 多頭向上會遇到上面很多的壓力，短線操作先以靠近股價最近的壓力，當作短期初步的獲利目標。

2. 多頭趨勢的特性為「見壓不是壓」，上漲到預定壓力時，要觀察K線多空力量的變化，出現的K線是否有轉折的訊號，並

且配合個人的操作紀律（例如做短線守5日均線）再決定是否出場，也可以根據到達壓力時的獲利率，以及與月線的乖離是否太大，決定是否要出場。（詳見〈步驟5：停利〉）

3. 日線短線合乎條件進場，獲利出場後，只要多頭走勢沒有改變，可以繼續做多，上漲一段之後，走勢合乎中長期條件時，可以改為中長期操作。

4. 在任何完美的條件進場，都有一定的失敗機率，所以每次操作都要控制好風險，依據個人資金分配，考慮買進的數量和個人所能承擔的賠錢風險，設定萬一失敗停損的位置。（詳見〈步驟3：停損〉）

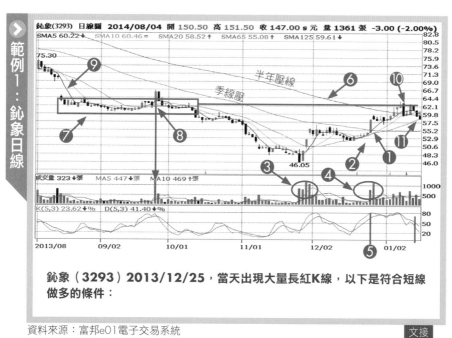

範例1：鈊象日線

鈊象（3293）2013/12/25，當天出現大量長紅K線，以下是符合短線做多的條件：

資料來源：富邦e01電子交易系統

文接下頁

承上
頁圖

❶ 長紅K線實體棒，收盤突破前面高點，波浪型態完成「頭頭高、底底高」的多頭趨勢。

❷ 均線3線向上排列，股價在3線之上，並且突破季線。

❸ 第一隻腳，46.05落底反彈，連續4天爆大量，多方強力反彈往上，同時K線3天出現2個向上跳空缺口的長紅。

❹ 多頭確認上攻連續2天爆大量。

❺ KD指標多排向上。

符合短線做多的條件之後，再看往上會遇到哪些壓力，這些壓力就是可能的獲利目標。

❻ 半年線向下的壓力。

❼ 盤整區的壓力。

❽ 大量長紅K線的壓力。

❾ 向下跳空缺口的壓力。

由上面壓力的獲利目標來預估，上漲獲利都不高，只能短線操作獲利，後面走勢結果如下：

❿ 遇到盤整區壓力，出現大量實體長黑K的下跌，表示賣壓很重，容易出現回檔。

⓫ 再一次出現長黑跌破5日均線及10日均線，KD指標空頭排列，同時也出現向下「頭頭低」的趨勢改變，短線操作要結束做多。

範例2：迅杰日線

迅杰（6243）2010/11/26，當天出現大量長紅K線，以下是符合短線做多的條件：

❶ 向上跳空長紅K線實體棒，收盤突破前面高點，波浪型態完成「頭頭高、底底高」的多頭趨勢。

❷ 均線3線向上多頭排列，股價在3線之上。

❸ 第一隻腳38.08落底反彈，當天大量，多方後續反彈往上到月線，再下跌打第二隻腳。

❹ 多頭確認上攻連續2天爆大量。

❺ KD指標黃金交叉多排向上。

符合短線做多件的條件之後，再看往上會遇到哪些壓力，這些壓力就是可能的獲利目標。

❻ 季線向下的壓力。

❼ 前面高點的壓力。

❽ 向下跳空缺口的壓力。

由上面壓力的獲利目標來預估，上漲獲利都不高，只能做短線操作獲利，後面走勢結果如下：

文接
下頁

承上
頁圖

❾ 遇到前高及缺口的壓力，出現黑K的下跌，跌破5日均線，表示遇壓要回檔。

❿ 再一次出現長黑跌破5日均線、10日均線及65日季線，KD指標死亡交叉空頭排列向下，同時也出現向下「頭頭低」的趨勢改變，短線操作要結束做多。

資料來源：富邦e01電子交易系統

範例3：迅杰日線

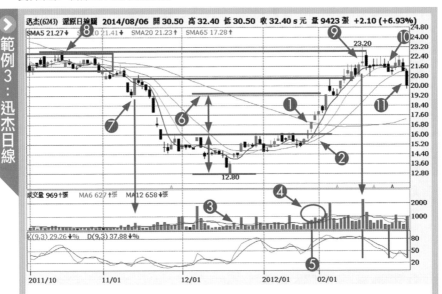

迅杰2012/1/30，當天出現向上跳空大量長紅K線，以下是符合短線做多的條件：

❶ 向上跳空長紅K線實體棒，收盤突破頭肩底盤整高點，型態確認，同時「頭頭高、底底高」的多頭趨勢也確認。

❷ 均線3線向上多頭排列，股價在3線之上。

❸ 第一隻腳，12.8落底反彈，當天大量，多方後續反彈往上突破月線到前面高點，為多方強力反彈，然後高檔盤整，形成頭肩底型態。

❹ 型態完成，多頭確認上攻連續攻擊大量。

❺ KD指標黃金交叉多排向上。

文接
右頁

符合短線做多件的條件之後，再看往上會遇到哪些壓力，這些壓力就是可能的獲利目標。

❻ 頭肩底型態確認上漲的目標價的壓力。

❼ 前面大量長紅K線及前面高點的壓力。

❽ 盤整區的壓力。

由上面壓力的獲利目標來預估，上漲有獲利空間，可以做短線操作獲利，後面走勢結果如下：

❾ 遇到前面盤整區的壓力，出現爆大量，長上影線的變盤線，要密切注意後面幾天的走勢。

❿ 黑K線收盤跌破盤整8天的K線，跌破5日、10日均線，遇壓要回檔。

⓫ 再一次出現長黑跌破5日均線、10日均線及20日月線，KD指標死亡交叉空頭排列向下，結束短線做多操作。

資料來源：富邦e01電子交易系統

第2章

選股SOP：
短線做空

短線操作股票，當股票的**日線**完成下列幾項條件時，可以短線做空：

1. 趨勢條件

日線波浪型態（趨勢）符合「頭頭低、底底低」的空頭架構。

2. 均線條件

日線的均線3線（MA5、MA10、MA20）空頭排列，均線向下（注意：季線如果還在股價下方，而且是上揚走勢，當股價下跌靠近時，會有支撐力量）。

3. 股價位置

股價收盤在3線（MA5、MA10、MA20）之下，同時看股價在整個下跌趨勢中，是位居初跌、主跌或末跌階段。

4. 成交量

頭部做頭時有大成交量（代表主力出貨），發動下跌向下的黑K線，出現中長黑K的實體棒，或向下跳空黑K的實體棒，有

大量配合（當天成交量比前一日成交量增加1.2倍以上），下
跌力道更強，沒有放量，仍然會下跌（空頭下跌，在起跌時因
散戶還沒有警覺或抱著等上漲少賠再賣，量沒有放太大，但後
續如再下跌，就容易出現恐慌性大量賣出）。

5. 指標參考

日線KD指標死亡交叉向下，MACD指標空頭排列向下，OSC
紅柱轉綠柱。

6. 可能的獲利目標

- 下面季線、半年線、年線的支撐。
- 往下（由右向左看）轉折的高點（頭部）和低點（底部）
  的支撐。
- 往下盤整區支撐。
- 往下大量向上跳空形成缺口的支撐。
- 往下出大量的K線被突破後，再下跌時下面的出大量的K線
  造成的支撐。
- 上漲趨勢形成的上升切線支撐。
- 如果是型態跌破後的下跌，型態的目標價滿足點也會形成
  支撐。

7. 等待進場位置

- 空頭反彈後再下跌的中長黑實體K線。
- 空頭跌破盤整下跌的中長黑實體K線。

◎短線做空重點提示

1. 空頭向下會遇到下面很多的支撐，短線操作先以靠近股價最近的支撐，當作短期初步的獲利目標。

2. 空頭趨勢的特性為「見撐不是撐」，所以下跌到預定支撐時，要觀察K線的多空力量的變化，出現的K線是否有轉折的訊號，並且配合個人的操作紀律（例如做短線守5日均線）再決定是否回補，也可以根據到達支撐時的獲利率，以及月線的乖離是否太大，決定是否要回補。（詳見〈步驟5：停利〉）

3. 日線短線合乎條件進場，獲利回補後，只要空頭走勢沒有改變，可以繼續做空，下跌一段之後，走勢合乎中長期條件時，可以改為中長期操作。

4. 在任何完美的條件進場，都有一定的失敗機率，所以每次操作都要控制好風險，依據個人資金分配，考慮放空的數量和個人所能承擔的賠錢風險，設定萬一失敗停損的位置。（詳見〈步驟3：停損〉）

◆短線做空實戰範例

範例1：智易日線

智易（3596）2011/11/10，當天出現向下跳空大量長黑K線，以下是符合短線做空的條件：

❶ 向下跳空長黑K線實體棒，收盤跌破前面低點，空頭的「頭頭低、底底低」的趨勢也確認。

❷ 均線3線向下空頭排列，股價在3線之下。

❸ 第一個頭，41.6創高，當大大量後回檔。

❹ 高檔放大量長紅K線，在前高41.6之前放出大量，為關前大量，要密切注意，後續如果不能突破高點拉回，容易形成「頭頭低」的頭部。

❺ KD指標空排向下。

符合短線做空的條件之後，再往下看會遇到哪些支撐，這些支撐就是可能的獲利目標。

❻ 季線向上的支撐。

❼ 大量向上跳空缺口長紅K線的支撐。

❽ 雙腳打底的支撐。

文接下頁

承上
頁圖

由上面支撐的獲利目標來預估，下跌有獲利空間，可以做短線操作獲利，
後面走勢結果如下：

❾ 下跌遇到大量向上跳空缺口長紅K線的支撐，出現實體長紅K的反彈，
   表示買盤很強，同時KD指標黃金交叉向上，容易反彈。

❿ 下跌遇到雙腳打底的支撐，出現止跌變盤線，次日開高跳空強力反彈，
   突破5日均線及10日均線，KD指標黃金交叉多頭排列。

⓫ 大量長紅K線，收盤突破前面高點，也突破月線，波浪型態趨勢改變，
   停止操作。

資料來源：富邦e01電子交易系統

範例2：台積電日線

台積電(2330) 日線圖 2014/08/07 開 120.50 高 121.50 低 119.50 收 121.50 s 元 量 30080 張 +1.00 (+0.83%)

SMA5 68.40↑ SMA10 68.93↓ SMA20 69.98↓ SMA65 72.00↓

成交量 31239↓張 MA5 52735↓張 MA10 60791↓張

K(5,3) 66.81↑% D(5,3) 55.28↑%

台積電（2330）2011/2/9，當天出現向下大量長黑K線，以下是符合
短線做空的條件：

❶ 向下長黑K線實體棒，收盤跌破前面低點，空頭的「頭頭低、底底低」
   的趨勢確認。

❷ 均線3線向下空頭排列，股價在3線之下。

❸ 第一個頭，78.3創高後，次2日大量向下跳空回檔。

文接
右頁

承左頁圖

❹ 高檔連續2日放大量，股價不漲反跌，大量長黑K線向下，形成空頭的頭部。

❺ KD指標空排向下。

符合短線做空的條件之後，再往下看會遇到哪些支撐，這些支撐就是可能的獲利目標。

❻ 大量向上跳空缺口支撐。

❼ 轉折向上的低點支撐。

❽ 季線向上的支撐。

❾ 大量向上跳空缺口支撐。

由上面支撐的獲利目標來預估，下跌有獲利空間，可以做短線操作獲利，後面走勢結果如下：

❿ 下跌遇到大量向上跳空缺口長紅K線的支撐，出現止跌反彈的變盤線，容易反彈。

⓫ 下跌遇到轉折向上的低點支撐，出現長紅吞噬反彈訊號，KD指標黃金交叉。

⓬ 下跌遇到大量向上跳空缺口長紅K線的支撐，出現大量長下影線止跌反彈的變盤線，次日開高跳空向上反彈。

資料來源：富邦e01電子交易系統

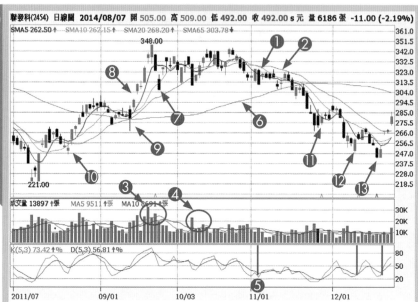

範例3：聯發科日線

聯發科（2454）2011/11/3，當天出現向下大量長黑K線貫穿前一日紅K低點，以下是符合短線做空的條件：

❶ 向下大量長黑K線實體棒，貫穿前一日紅K低點，收盤跌破前面低點，空頭的「頭頭低、底底低」的趨勢確認。

❷ 均線3線向下空頭排列，股價在3線之下。

❸ 第一個頭，348大量創高後，次2日長黑K線向下跳空回檔。

❹ 高檔再放大量，股價後續沒有再創348高點，形成價量背離，要密切注意盤頭下跌的可能性很高。

❺ KD指標空排向下。

符合短線做空的條件之後，再往下看會遇到哪些支撐，這些支撐就是可能的獲利目標。

❻ 季線向上的支撐。

❼ 轉折向上的低點支撐。

❽ 大量向上跳空缺口支撐。

❾ 轉折向上的低點支撐。

文接右頁

⑩ 轉折向上的低點支撐。

由上面支撐的獲利目標來預估，下跌有獲利空間，可以做短線操作獲利，後面走勢結果如下：

⑪ 下跌遇到轉折向上的低點支撐 ，出現母子懷抱止跌反彈的變盤訊號，容易反彈。

⑫ 下跌遇到轉折向上的低點支撐，出現長紅止跌反彈訊號， KD指標黃金交叉。

⑬ 下跌遇到轉折向上的低點支撐，出現長紅K線止跌反彈的訊號，次日開高跳空向上反彈。

資料來源：富邦e01電子交易系統

第3章

選股SOP：
中線做多

線操作股票，當股票的**週線**完成下列幾項條件時，可以中線做多：

1. 趨勢條件

週線波浪型態（趨勢）符合「頭頭高、底底高」的多頭架構。

2. 均線條件

週線的均線3線（MA5、MA10、MA20）多頭排列，均線方向向上（注意：MA60如果還在股價上方，而且是下彎走勢，當股價上漲靠近時，會有壓力產生）。

3. 股價位置

股價收盤在週線的均線3線（MA5、MA10、MA20）之上，同時看股價在整個上漲趨勢中，是位居初升、主升或是末升階段。

4. 成交量

週線底部打底時有大成交量（代表有人在買），發動攻擊向

上上漲的K線有攻擊量（當週成交量比前一週成交量增加1.2倍以上，如果有2倍以上的量，攻擊力道更強）。

5. 指標參考

週線KD 指標黃金交叉向上，MACD指標多頭排列向上，OSC綠柱轉紅柱。

6. 可能的獲利目標

- 上面MA60、MA125均線的壓力。
- 前面（由右向左看）轉折的低點（底部）和高點（頭部）的壓力。
- 前面盤整區壓力。
- 前面大量向下跳空，形成缺口的壓力。
- 前面出大量的K線被跌破之後，再上漲時前面的出大量的K線造成的壓力。
- 下跌趨勢形成的下降切線壓力。
- 如果是型態突破後的上漲，型態的目標價滿足點也會形成壓力。

7. 等待進場位置

- 週線多頭回檔後再上漲的紅K，在日線進場。
- 週線多頭盤整突破上漲的紅K，在日線進場。（詳見〈步驟2：進場〉）

◔中線做多重點提示

1. 多頭向上會遇到上面很多的壓力，中線操作先以靠近股價最近的壓力，當作短期初步的獲利目標。

2. 多頭趨勢的特性為「見壓不是壓」，所以上漲到預定壓力時，要觀察週K線多空力量的變化，出現的K線是否有轉折的訊號，並且配合個人操作紀律（例如做中短線守週MA5均線）再決定是否出場，也可以根據到達壓力時的獲利率，以及MA20均線的乖離是否太大，決定是否要出場。（詳見〈步驟5：停利〉）

3. 週線合乎條件進場，獲利出場後，只要多頭走勢沒有改變，可以繼續做多。

4. 週線底部合乎中期操作條件完成後，要回到日線，先依照短線操作方法進場操作，當獲利拉開成本區時，再用中長線方法操作。

5. 在任何完美的條件進場，都有一定的失敗機率，所以每次操作都要控制好風險，依據個人資金分配，考慮買進的數量和個人所能承擔的賠錢風險，設定萬一失敗停損的位置。（詳見〈步驟3：停損〉）

◎中線做多實戰範例

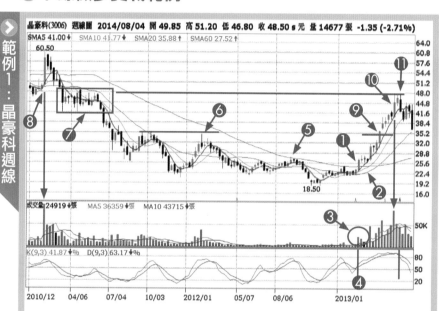

晶豪科（3006）2013/2/25，當週出現大量長紅K線，以下是符合中線做多的條件：

❶ 長紅K線實體棒，收盤突破前面高點，波浪型態完成「頭頭高、底底高」的多頭趨勢。

❷ 均線3線向上多頭排列，股價在3線之上，並且也突破MA60。

❸ 第一隻腳，18.5落底反彈，多方強力反彈到MA60才遇壓拉回打第二隻腳，多頭確認上攻連續2天爆大量。

❹ KD指標黃金交叉向上。

符合中線做多件的條件之後，在週線往上，看會遇到哪些壓力，這些壓力就是中期走勢可能的獲利目標。

❺ 前面轉折高點的壓力。

❻ 再往上前面轉折高點的壓力。

❼ 上面盤整區的壓力。

❽ 上面大量長紅K線的壓力。

文接
下頁

承上
頁圖

由上面壓力的獲利目標來預估，上漲有獲利空間，可以做中期操作獲利，後面走勢結果如下：

⑨ 遇到前面兩個轉折高點的壓力，當週出現大量，長紅實體K線突破壓力，多頭強勢繼續上漲，自然繼續做多。

⑩ 週線連續上漲13週，遇到盤整區壓力，並且爆大量，要密切注意盤整壓力是否能夠突破。

⑪ 週線高檔出現長黑K線，收盤跌破前一週的K線低點，跌破MA5均線，顯示遇盤整區壓力要回檔。同時KD指標死亡交叉空頭排列向下，後續長黑K跌破MA10，波浪型態出現「頭頭低、底底低」空頭趨勢，結束中線做多操作。

附註：這次上漲15週，將近4個月的多頭，可以稱為中期走勢。

資料來源：富邦e01電子交易系統

範例2：合勤控週線

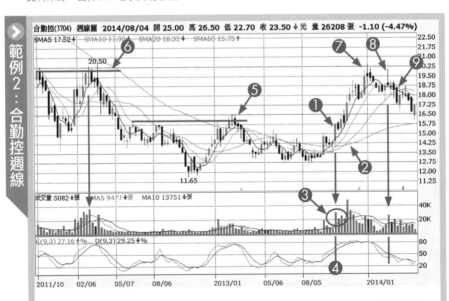

合勤控（3704）2013/10/21，當週出現大量長紅K線，以下是符合中線做多的條件：

文接
右頁

① 長紅K線實體棒，收盤突破前面高點，波浪型態完成「頭頭高、底底高」的多頭趨勢。

② 均線3線向上多頭排列，股價在3線之上，並且也突破MA60。

③ 第一隻腳，11.65落底反彈，多方強力反彈到前面高點才遇壓拉回，打底整理，底部放大量上漲。

④ KD指標黃金交叉向上

符合中線做多的條件之後，在週線往上，看會遇到哪些壓力，這些壓力就是中期走勢可能的獲利目標。

⑤ 前面兩個轉折高點的壓力。

⑥ 再往上前面大量轉折高點的壓力。

由上面壓力的獲利目標來預估，上漲有獲利空間，可以做中期操作獲利，後面走勢結果如下：

⑦ 週線連續上漲12週，遇到前面大量轉折高點的壓力，當週出現十字黑K變盤線，同時有價量背離，要注意高檔遇壓的回檔修正。

⑧ 再次出現爆大量的長上影線的變盤線，而且沒有過上次變盤線的高點，同時KD指標空排向下，要密切注意股價不可再往下跌破。

⑨ 週線高檔出現長黑K線，收盤跌破前一週的K線低點，跌破MA5、MA10、MA20均線，波浪型態出現「頭頭低、底底低」空頭趨勢，結束中線做多操作。

附註：這次上漲12週，將近3個月的多頭，可以稱為中期走勢。

資料來源：富邦e01電子交易系統

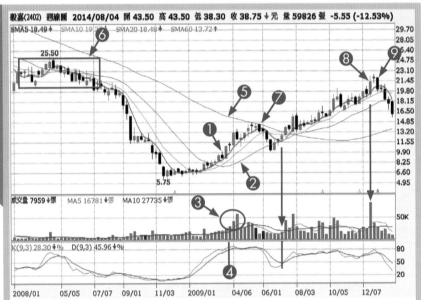

範例3：毅嘉週線

毅嘉（2402）2009/3/23，當週出現大量長紅K線，以下是符合中線做多的條件：

❶ 向長紅K線實體棒，波浪型態完成「頭頭高、底底高」的多頭趨勢。

❷ 均線3線向上多頭排列，股價在3線之上。

❸ 第一隻腳，5.75落底打底整理，底部放大量上漲。

❹ KD指標黃金交叉向上。

符合中線做多的條件之後，在週線往上，看會遇到哪些壓力，這些壓力就是中期走勢可能的獲利目標。

❺ 週MA60均線向下的壓力。

❻ 再往上前面頭部盤整的壓力。

由上面壓力的獲利目標來預估，上漲有獲利空間，可以做中期操作獲利，後面走勢結果如下：

❼ 週線連續上漲15週，遇到上面週MA60均線向下的壓力，當週出現黑K線，跌破前一週K線最低點，也跌破MA5均線，同時有價量背離，容易高檔遇壓的回檔修正。

文接右頁

⑧ 週線回檔後再連續上漲27週，高檔出現爆大量的長紅K線，遇到前面頭部盤整的壓力區，要密切注意股價不可往下。

⑨ 週線高檔出現長黑K線，收盤跌破前一週十字變盤K線的低點，也跌破MA5均線，遇壓區容易回檔。

附註：這次整個上漲27週，超過半年的多頭，為中期走勢。

資料來源：富邦e01電子交易系統

第4章

選股SOP：
中線做空

中線操作股票，當股票的**週線**完成下列幾項條件時，可以中線做空：

1. 趨勢條件

週線波浪型態（趨勢）符合「頭頭低、底底低」的空頭架構。

2. 均線條件

週線的均線3線（MA5、MA10、MA20）空頭排列，均線方向向下（注意：MA60如果還在股價下方，而且是上揚走勢，當股價下跌靠近時，會有支撐作用）。

3. 股價位置

股價收盤在週線的均線3線（MA5、MA10、MA20）之下，同時看股價在整個下跌趨勢中，位居初跌、主跌或末跌階段。

4. 成交量

週線頭部盤頭時有大成交量（代表有人在賣），發動下跌向下的K線有放量（當週成交量比前一週成交量增加1.2倍以上，

如果有2倍以上的量，下跌的力道更強），沒有放量也同樣會下跌。

5. 指標參考

週線KD指標死亡交叉向下，MACD指標要空頭排列向下，OSC紅柱轉綠柱。

6. 可能的獲利目標

- 下面MA60、MA125均線的支撐。
- 前面（由右向左看）轉折的高點（頭部）和低點（底部）的支撐。
- 前面盤整區支撐。
- 前面大量向上跳空，形成缺口的支撐。
- 前面出大量的K線被突破之後，再下跌時前面出大量的K線形成的支撐。
- 上漲趨勢形成的上升切線支撐。
- 如果是型態跌破後的下跌，型態的目標價滿足點也會形成支撐。

7. 等待進場位置

- 週線空頭反彈後再下跌的黑K，在日線進場。
- 週線空頭盤整跌破下跌的黑K，在日線進場。（詳見〈步驟2：進場〉）

◉中線做空重點提示

1. 空頭向下會遇到下面很多的支撐，中線操作先以靠近股價最近的支撐，當作短期初步的獲利目標。

2. 空頭趨勢的特性為「見撐不是撐」，所以下跌到預定支撐時，要觀察週K線的多空力量的變化，出現的K線是否有轉折的訊號，並且配合個人的操作紀律（例如做中短線守週MA5均線）再決定是否出場，也可以根據到達壓力時的獲利率，以及MA20均線的乖離是否太大，決定是否要出場。（詳見〈步驟5：停利〉）

3. 週線合乎條件進場，獲利出場後，只要空頭走勢沒有改變，可以繼續做空。

4. 週線頭部合乎中期操作條件完成後，要回到日線，先依照短線操作方法進場操作，當獲利已經拉開成本區時，再用中長線方法操作。

5. 在任何完美的條件進場，都有一定的失敗機率，所以每次操作都要控制好風險，依據個人資金分配，考慮買進的數量和個人所能承擔的賠錢風險，設定萬一失敗停損的位置。（詳見〈步驟3：停損〉）

◉中線做空實戰範例

範例1：台聚週線

台聚（1304）**1997/4/28**，當週出現長黑K線，以下是符合中線做空的條件：

❶ 長黑K線實體棒，收盤跌破橫盤5週的低點，頭部放大量，波浪型態完成「頭頭低、底底低」的空頭趨勢。

❷ 均線3線向下空頭排列，股價在3線之下。

❸ 頭部反轉，空方連續下跌，空頭確認且連續高檔爆大量。

❹ KD指標死亡交叉向下。

符合中線做空的條件之後，在週線往下，看會遇到哪些支撐，這些支撐就是中期走勢可能的獲利目標。

❺ 週MA60均線向上的支撐。

❻ 再往下轉折高點的支撐。

❼ 再往下轉折高點的支撐。

❽ 再往下轉折低點的支撐。

文接下頁

承上
頁圖

> 由上面支撐的獲利目標來預估，下跌有獲利空間，可以做中期操作獲利，
> 後面走勢結果如下：
>
> ❾ 週線由最高點連續下跌5週，遇到週MA60均線向上的支撐，及前轉折
>   高點的支撐，當週出現大量長紅K線反彈。
>
> ❿ 週線反彈後再連續下跌3週，遇到前轉折高點的支撐，出現大量紅K線
>   反彈。
>
> ⓫ 週線反彈後再連續下跌6週，遇到前面轉折低點的支撐，出現大量紅K
>   線反彈。
>
>   週線低檔出現大量長紅K線，同時打底向上突破前面高點，完成「底底
>   高、頭頭高」多頭趨勢，結束空頭操作。
>
> 附註：這次空頭趨勢下跌超過半年，為中期空頭走勢。

資料來源：富邦e01電子交易系統

範例2：聯發科週線

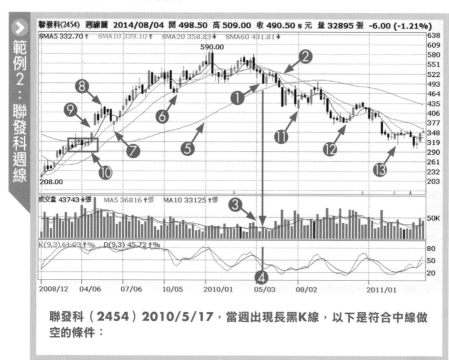

> **聯發科（2454）2010/5/17，當週出現長黑K線，以下是符合中線做
> 空的條件：**

文接
右頁

① 大量長黑K線實體棒，收盤跌破前面低點，波浪型態完成「頭頭低、底底低」的空頭趨勢。
② 均線3線向下空頭排列，股價在3線之下。
③ 頭部盤頭期間長期價量背離，長黑K線下跌放大量。
④ KD指標死亡交叉向下。

符合中線做空的條件之後，在週線往下，看會遇到哪些支撐，這些支撐就是中期走勢可能的獲利目標。
⑤ 週MA60均線向上的支撐。
⑥ 再往下轉折低點的支撐。
⑦ 再往下轉折低點的支撐。
⑧ 再往下轉折高點的支撐。
⑨ 再往下大量跳空缺口的支撐。
⑩ 再往下5週盤整的支撐。

由上面支撐的獲利目標來預估，下跌有獲利空間，可以做中期操作獲利，後面走勢結果如下：
⑪ 週線反彈後再連續下跌3週，前面轉折高點的支撐，出現盤整。
⑫ 週線盤整後再連續下跌9週，遇到前轉折低點及跳空缺口的支撐，出現大量紅K線反彈。
⑬ 週線反彈後再連續下跌9週，遇到前面盤整的支撐，出現止跌的橫盤。週線空頭趨勢尚未結束，後續仍繼續空頭操作。

附註：這次空頭趨勢下跌超過半年，為中期空頭走勢。

資料來源：富邦e01電子交易系統

範例３：台積電週線

台積電（2330）**2003/10/20，當週出現長黑K線，以下是符合中線做空的條件：**

❶ 大量長黑K線實體棒，收盤跌破前面低點，波浪型態完成「頭頭低、底底低」的空頭趨勢，KD指標死亡交叉向下，但是股價仍在MA20均線上方，不符合中線做空，只可以回到日線做短空。

❷ 大量長黑K線實體棒，收盤跌破前面低點，均線3線向下空頭排列，股價在3線之下，符合中線做空的條件，可以做中期空頭操作。

❸ KD指標死亡交叉向下。

符合中線做空的條件之後，在週線往下，看會遇到哪些支撐，這些支撐就是中期走勢可能的獲利目標。

❹ 往下盤整區的支撐。

❺ 週MA60均線向上的支撐。

❻ 再往下大量長紅K線的支撐。

❼ 再往下轉折低點的支撐。

文接
右頁

由上面支撐的獲利目標來預估，下跌有獲利空間，可以做中期操作獲利，
後面走勢結果如下：

❽ 週線下跌遇到MA60均線及前面盤整區的支撐，出現反彈。

❾ 週線反彈後再下跌4週，遇到大量長紅K線的支撐，出現反彈。

❿ 週線反彈後再下跌，遇到轉折低點的支撐 ，出現止跌打底。

⓫ 週線大量長紅K線上漲，完成「頭頭高、底底高」多頭趨勢，空頭趨勢
結束，停止空頭操作。

附註：這次空頭趨勢下跌超過半年，為中期空頭走勢。

資料來源：富邦e01電子交易系統

第5章

選股SOP：
長線做多

長線操作股票，當股票的**月線**完成下列幾項條件時，可以長線
做多：

1. 趨勢條件

月線價量要有下列條件之一：

● 月線底部出現長紅K線實體棒，同時要放大量，突破下降
　切線（此時週線要符合中線做多條件）。

● 月線底部打底盤整，出現底底高長紅K線實體棒，同時要
　放大量（此時週線要符合中線做多條件）。

● 月線底部完成「頭頭高、底底高」多頭趨勢，同時底部要
　放大量。

2. 均線條件

月線的均線至少要2線（MA5、MA10）多頭排列，均線方
向向上（注意：MA20、MA60如果還在股價上方，而且是下

彎走勢，當股價上漲靠近時，會有壓力產生）。

3. 股價位置

股價收盤要在月線的均線2線（MA5、MA10）之上，同時要看股價在整個上漲趨勢中，是位居初升、主升或末升階段。

4. 成交量

月線底部打底時要有大成交量（代表有人在買），發動攻擊向上上漲的K線要有攻擊量（當月成交量比前一月成交量增加1.5倍以上，如果有2倍以上的量，攻擊力道更強）。

5. 指標參考

月KD指標黃金交叉向上，MACD指標多頭排列向上，OSC綠柱轉紅柱。

6. 目標設定

MA20、MA60均線壓力、前面頭部壓力、前面盤整區壓力、前面大量K線壓力、前面大量缺口壓力、型態目標價。

7. 等待進場位置

● 週線多頭回檔後再上漲的大量中長紅K。

● 週線多頭盤整突破上漲的大量中長紅K。（詳見〈步驟2：進場〉）

❯長線做多重點提示

1. 多頭向上會遇到上面很多的壓力，長線操作先以靠近股價最近的壓力，當作短期初步的獲利目標。

2. 多頭趨勢的特性為「見壓不是壓」，所以上漲到預定壓力時，要觀察週K線多空力量的變化，出現的K線是否有轉折的訊號，並且配合個人的操作紀律（例如做長線守週MA20均線）再決定是否出場，也可以根據到達壓力時的獲利率，以及MA20均線的乖離是否太大，決定是否要出場。（詳見〈步驟5：停利〉）

3. 週線合乎條件進場，獲利出場後，只要多頭走勢沒有改變，可以繼續做多。

4. 月線底部合乎做長期操作條件完成後，要回到週線，先依照中線操作方法進場操作，當獲利已經拉開成本區時，再用長線方法操作。

5. 在任何完美的條件進場，都有一定的失敗機率，所以每次操作都要控制好風險，依據個人資金分配，考慮買進的數量和個人所能承擔的賠錢風險，設定萬一失敗停損的位置。（詳見〈步驟3：停損〉）

❯ 長線做多實戰範例

範例 1A：西柏月線多頭走勢確認位置

西柏(3541) 月線圖 2014/06/03 開 114.00 高 141.50 收 141.00 s 元 量 14099 張 +25.50 (+22.08%)
SMA5 33.86↑ SMA10 32.89↑ SMA20 31.38↑ SMA65 32.82↓
成交量 6145↑張 MA5 2197↑張 MA10 1617↑張
DIF4-9 1.82↑ MACD3 1.18↑ OSC 0.64↑
K(5,3) 68.04↑% D(5,3) 56.61↑%

❶ 西柏（3541）2013/11，月K線長紅，底部「頭頭高、底底高」，多頭確認。

❷ MA5、MA10、MA20均線，3線多頭排列向上。

❸ 成交量放大6倍，出現底部攻擊量。

❹ 長紅K線突破2年9個月新高。

❺ MACD指標0軸之上黃金交叉向上。

❻ KD指標黃金交叉向上。

月線完成長波段條件，回到週線操作，長波段的中線操作可用5週均線操作，長波段的長線操作可用20週均線操作。

資料來源：富邦e01電子交易系統

範例1B：西柏週線多頭走勢確認位置

❶ 西柏2013/11/18，週K線長紅，底部出現「頭頭高、底底高」，多頭確認。

❷ MA5、MA10、MA20、MA60均線，4線多頭排列向上。

❸ 成交量放大4倍，出現底部攻擊量。

❹ MACD指標0軸之上黃金交叉向上。

❺ KD指標黃金交叉向上。

❻ 2013/11/25，週線大量上漲，月線多頭確認，週線收盤41.35買進，停損守MA5均線36.34（中線操作守MA5週均線操作）。

資料來源：富邦e01電子交易系統

範例1C：西柏週線多頭走勢操作

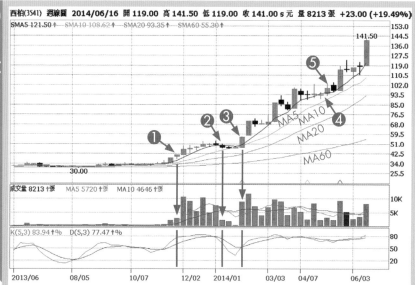

❶ 西柏2013/11/25～29，週K線大量上漲，月線多頭確認，週線收盤41.35買進，停損守MA5均線36.34。

❷ 2014/1/13，黑K收盤跌破MA5，收盤47.9賣出。獲利47.9－41.35＝6.55，獲利率15.8%

❸ 2014/2/5，大量長紅上漲，週線收盤57買進，停損守MA5均線49.99。

❹ 2014/4/28，收盤跌破MA5，收盤93.9賣出。獲利93.9－57＝36.9，獲利率64.7%

❺ 2014/5/5，紅K上漲，突破MA5均線，週線收盤99.4買進，停損守MA5均線95。

資料來源：富邦e01電子交易系統

範例2A：伍豐月線多頭走勢確認位置

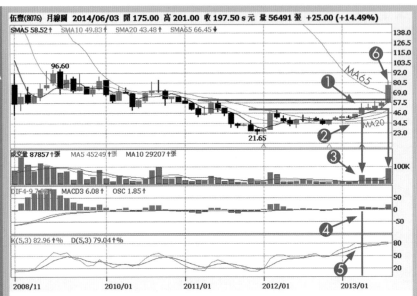

❶ 伍豐（8076）2013/4，月K線長紅，底部「頭頭高、底底高」，多頭確認。

❷ MA5、MA10、MA20均線，3線多頭排列向上。

❸ 成交量放大3倍，出現底部攻擊量。

❹ MACD指標0軸之上黃金交叉向上。

❺ KD指標向上。

❻ 2013/8，大量長紅K線突破26個月新高。

月線完成長波段條件，回到週線操作，長波段中線操作可用5週均線操作，長波段長線操作可用20週均線操作。

資料來源：富邦e01電子交易系統

範例2B：伍豐週線多頭走勢確認位置

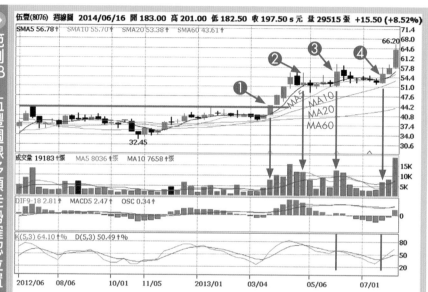

伍豐(8076) 週線圖 2014/06/16 開 183.00 高 201.00 低 182.50 收 197.50 s 元 量 29515 張 +15.50 (+8.52%)

資料來源：富邦e01電子交易系統

❶ 伍豐2013/3/25，週K線大量長紅，突破底部盤整高點，多頭確認。MA5、MA10、MA20、MA60均線，4線多頭排列向上，週線可以開始做多。

❷ 2013/4/29，月線多頭確認，週線高檔橫盤，做長波段週線進場要等多頭再攻的位置。

❸ 2013/6/3，週K線大量長紅，突破5週盤整高點，可以做為長波段的進場點。

❹ 2013/7/22，週線回檔後大量上漲，長多續勢，接近MA20均線，可做為加碼點。

範例2C：伍豐週線多頭走勢操作

伍豐(8076) 週線圖 2014/06/16 開 183.00 高 201.00 低 182.50 收 197.50 s 元 量 29515 張 +15.50 (+8.52%)

SMA5 179.60↑　SMA10 167.40↑　SMA20 162.83↑　SMA60 113.03↑

❶ 伍豐2013/3/25～29，週K線大量長紅，突破底部盤整高點，多頭確認。MA5、MA10、MA20、MA60均線，4線多頭排列向上，KD指標黃金交叉向上，週線可以開始做中多，收盤44.45買進，停損MA5均線41.32。

❷ 2013/6/3，週K線大量長紅，突破盤整，可做長波段的進場點。如果在這位置進場做長波段，守MA20週均線操作，做中波段可以加碼。

❸ 2013/11/4，週K線大量長黑，跌破MA5、MA10均線，收盤103.5賣出。獲利103.5－44.45＝59.05，獲利率132.8%。

❹ 2013/11/25，週線回檔後大量上漲，長多續勢，收盤121.5買進，停損MA5均線112.5。

❺ 2014/1/20，週K線大量黑K，跌破MA5均線，收盤122.5賣出。獲利122.5－121.5＝1，獲利率0.8%。

❻ 2014/2/10，大量長紅突破盤整，站上MA5，收盤136買進，停損MA5均線125.4。

❼ 2014/4/14，週K線大量長黑，跌破MA5、MA10均線，收盤161賣出。獲利161－136＝25，獲利率18.3%。

資料來源：富邦e01電子交易系統

範例3A：富晶通月線多頭走勢確認位置

❶ 富晶通（3623）2013/5，月K線長紅，底部「頭頭高、底底高」，多頭確認。

❷ MA5、MA10均線，2線多頭排列向上。

❸ 成交量放大4.7倍，出現底部攻擊量。

❹ MACD指標在0軸之上，多排向上。

❺ KD指標向上

❻ 2013/11，紅K線收盤突破長期21個月底部高點。

❼ MA5、MA10、MA20均線，3線完成多頭排列向上。

❽ 成交量放大2倍，出現多頭上漲攻擊量。

❾ MACD指標在0軸之上，多排向上。

❿ KD指標向上。

月線完成長波段條件，回到週線操作，長波段中線操作可用5週均線操作，長波段長線操作可用20週均線操作。

資料來源：富邦e01電子交易系統

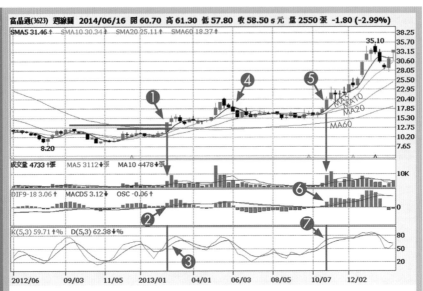

範例3B：富晶通週線多頭走勢確認位置

資料來源：富邦e01電子交易系統

❶ 富晶通2013/2/18，週K線大量長紅，突破底部盤整高點，多頭確認。MA5、MA10、MA20均線，3線多頭排列向上。

❷ MACD指標在0軸之上，多排向上。

❸ KD指標向上，2週線可以開始做中多，此時月線尚未符合做長多的條件。2013/4/29，月線多頭確認，週線高檔橫盤，做長波段週線進場要等多頭再攻的位置。

❹ 2013/6/3，月線底部大量長紅K線多頭確認，但是週線是多頭回檔第3週，要等週線回檔再上漲時，才能進場做長多。

❺ 2013/10/28，週線回檔後大量上漲，突破回檔底部盤整高點，多頭續勢。MA5、MA10、MA20、MA60均線，4線多頭排列向上。

❻ MACD指標在0軸之上，多排向上。

❼ KD指標向上，2週線可以開始做長多。

長線操作股票，當股票的**月線**完成下列幾項條件時，可以長線做空：

1. **趨勢條件：**

   月線價量要有下列條件之一：

   - 月線頭部出現長黑K線實體棒，同時放大量，跌破上升切線（此時週線要符合中線做空條件）。

   - 月線頭部做頭盤整，出現頭頭低長黑K線實體棒，同時放大量（此時週線要符合中線做空條件）。

   - 月線頭部完成「頭頭低、底底低」空頭趨勢，同時頭部放大量。

2. **均線條件**

   月線的均線至少有2線（MA5、MA10）空頭排列，均線向下（注意：MA20、MA60如果還在股價下方，而且是上揚走

勢,當股價下跌靠近時,會有支撐產生)。

3. 股價位置

股價收盤在月線的均線2線(MA5、MA10)之下,同時看股價在整個下跌趨勢中,是位居初跌、主跌或末跌階段。

4. 成交量

月線頭部做頭時有大成交量(代表有人在賣),發動攻擊向下下跌的K線不一定有大量。

5. 指標參考

月KD指標死亡交叉向下,MACD指標空頭排列向下,OSC紅柱轉綠柱。

6. 目標設定

MA20、MA60均線支撐、前面頭部支撐、前面盤整區支撐、前面大量K線支撐、前面大量缺口支撐、型態目標價。

7. 等待進場位置

- 週線空頭反彈後再下跌的中長黑K。
- 週線空頭盤整跌破下跌的大量中長黑K。(詳見〈步驟2:進場〉)

◉長線做空重點提示

1. 空頭向下會遇到下面很多的支撐,長線操作先以靠近股價最近的支撐,當作短期初步的獲利目標。

2. 空頭趨勢的特性為「見撐不是撐」,所以下跌到預定支撐

時，要觀察週K線的多空力量的變化，出現的K線是否有轉折的訊號，並且配合個人的操作紀律（例如做長線守週MA20均線）再決定是否出場，也可以根據到達支撐時的獲利率，以及MA20均線的乖離是否太大，決定是否要出場。（詳見〈步驟5：停利〉）

3. 週線合乎條件進場，獲利出場後，只要空頭走勢沒有改變，可以繼續做空。

4. 月線頭部合乎長期操作條件完成後，要回到週線，先依照中線操作方法進場操作，當獲利已經拉開成本區時，再用長線方法操作。

5. 在任何完美的條件進場，都有一定的失敗機率，所以每次操作都要控制好風險，依據個人資金分配，考慮買進的數量和個人所能承擔的賠錢風險，設定萬一失敗停損的位置。（詳見〈步驟3：停損〉）

❯長線做空實戰範例

範例1A：創惟月線空頭走勢確認位置

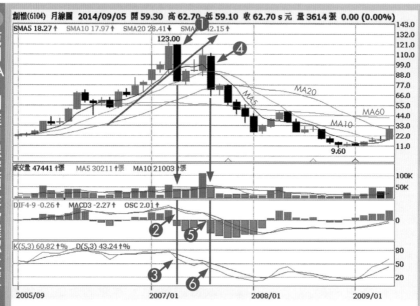

❶創惟（6104）2007/4，月K線長黑吞噬，跌破連續上漲7個月的上升切線。

❷MACD指標在0軸之上，死亡交叉向下。

❸KD指標80死亡交叉向下，月線回檔訊號，可看週線條件做中空。

❹2007/8，月K線長黑吞噬，頭部「頭頭低、底底低」，空頭確認。MA5、MA10均線，死亡交叉，週線空頭確認可做長空。

❺MACD指標在0軸之上，空頭排列向下。

❻KD指標空頭排列向下。

月線完成長波段條件，回到週線操作，長波段中線操作可用5週均線操作，長波段長線操作可用20週均線操作。

資料來源：富邦e01電子交易系統

範例
1B
：
創
惟
週
線
空
頭
走
勢
確
認
位
置

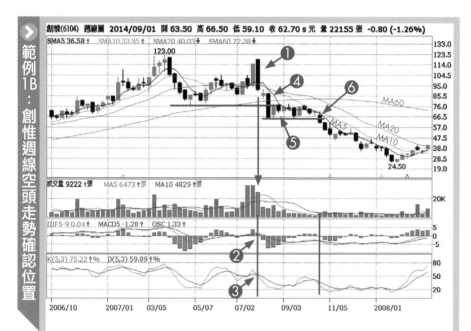

❶ 創惟2007/7/30，週K線大量長黑吞噬，出現高檔「頭頭低」，跌破月線，且月線下彎。

❷ MACD指標在接近0軸，即將死亡交叉。

❸ KD指標死亡交叉向下，週線進入盤頭。

❹ 2007/8/13，週K線大量長黑，跌破回檔低點，空頭確認。同時週線出現一星二陰K線組合，續勢下跌，日線可以做空。

❺ 2007/8/27，月線大量長黑K線空頭確認，但是週線是空頭的盤整，要等週線盤整跌破時才能進場做長空。

❻ 2007/10/22，週線盤整跌破，空頭續勢。MA5、MA10、MA20、MA60均線，4線空頭排列向下。MACD指標在0軸之選，空頭排列向下。KD指標向下。週線可以開始做長空。

資料來源：富邦e01電子交易系統

105

第7章

選股秘笈：
找出潛力強勢股

前面幾章所列的短中長線選股條件，是做多或做空的基本條件。基本條件不足的股票，最好要忍住，不要太早進場，否則失敗的機率很高。

除此之外，經由底部或頭部形成的型態或多空的力道表現，也可以推測未來走勢確認之後的強弱。我們在鎖股觀察時可以注意下面幾個型態或反轉的現象，藉以發覺未來的潛力股。

◗ 空頭結束轉多頭的強勢底部

情況1 打底期間，出現大量的買盤，底部多頭確認時，放大量突破，為強勢上漲潛力股（出現在週線更好）。

情況2 底部轉折前有2個月以上的均線糾結型態，當均線糾結底部出現大量突破，為強勢上漲潛力股（出現在週線的均線糾結更好）。

情況 1 ： 力 旺 週 線

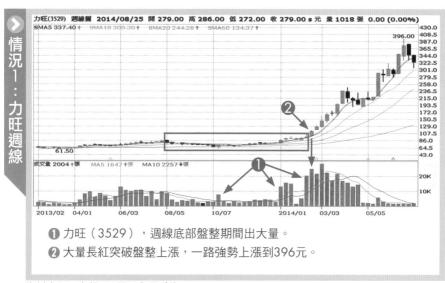

❶ 力旺（3529），週線底部盤整期間出大量。

❷ 大量長紅突破盤整上漲，一路強勢上漲到396元。

資料來源：富邦e01電子交易系統

情況 2 ： F - 永 冠 週 線

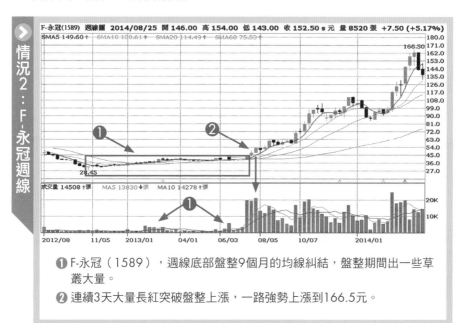

❶ F-永冠（1589），週線底部盤整9個月的均線糾結，盤整期間出一些草叢大量。

❷ 連續3天大量長紅突破盤整上漲，一路強勢上漲到166.5元。

資料來源：富邦e01電子交易系統

情況3 底部轉折低點出現大量連三紅，或是上漲3天出現2次跳空缺口快速上漲，後續完成多頭底部，為強勢上漲的潛力股。

情況4 強力反彈後回檔不到反彈幅度的三分之一，就轉折上漲完成「頭頭高、底底高」的多頭確認，為強勢上漲的潛力股。

情況3、4：鈊象日線

❶ 鈊象（3293），日線最低點大量反彈。

❷ 反彈連續3天大量長紅跳空上漲，落底第一隻腳。

❸ 回檔幅度約三分之一就出現止跌的紅K線，後續上漲出現底底高的打底第二隻腳。

❹ 打底時再出現大量長紅K線，突破盤整高點，多頭「底底高、頭頭高」確認，為強勢多頭底部，突破時股價收盤58.3元，後來一路上漲到175.5元。

資料來源：富邦e01電子交易系統

情況 3、4：旭富日線

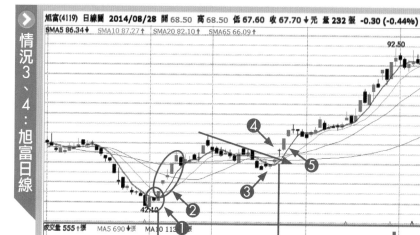

❶ 旭富（4119），日線最低點大量反彈，3日K線為一星二陽向上的轉折訊號。

❷ 連續反彈5天，大量長紅跳空上漲，落底第一隻腳。

❸ 回檔幅度約三分之一就出現止跌的紅K線，後續上漲出現底底高的打底第二隻腳。

❹ 打底時再出現大量跳空上漲K線，突破回檔ABC修正的下降切線。

❺ 大量上漲紅K線，突破前面高點，多頭「底底高、頭頭高」確認，為強勢多頭底部，股價最低42.1元反彈回升，後來一路上漲到92.5元。

資料來源：富邦e01電子交易系統

情況5 底部為頭肩底、復式頭肩底、圓弧底、三重底、下降楔型等型態,大量突破完成確認的底部,為強勢上漲的潛力股。

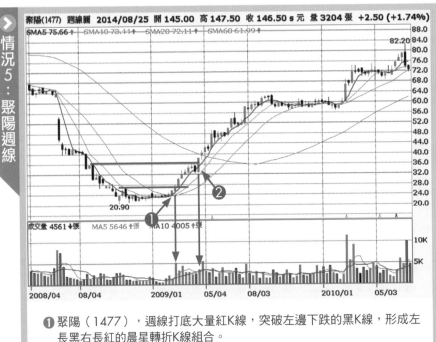

❶ 聚陽(1477),週線打底大量紅K線,突破左邊下跌的黑K線,形成左長黑右長紅的晨星轉折K線組合。

❷ 週線連續上漲,再出現大量長紅K線,突破左邊對應下跌的長黑K線,形成一個圓弧底的型態確認。股價由打底突破的27元,後來一路上漲到82.2元。

資料來源:富邦e01電子交易系統

情況6 底部出現2次以上大量轉折向上的K線組合型態，例如：
長紅吞噬、孤島轉折、晨星轉折、內困三紅、跳缺回補、上升
三法、一星二陽等的組合，為強勢上漲的潛力股（上述轉折向
上的K線組合，參見《抓住K線獲利無限》）。

情況
6A
：
國揚週線

❶ 國揚（2505），週線最低點大量反彈，3日K線為內困三紅K線組合的
　向上轉折訊號，落底第一隻腳。

❷ 回檔1天就出現長紅吞噬K線，再形成晨星轉折K線組合的向上轉折訊
　號，出現底底高的第二支腳。

❸ 再出現大量長紅K線上漲，突破前面高點，多頭「底底高、頭頭高」確
　認，為強勢多頭底部，股價最低12.65元反彈回升，後來一路上漲到
　33.45元。

資料來源：富邦e01電子交易系統

情況6B：精元週線

資料來源：富邦e01電子交易系統

❶ 精元（2387），週線最低點大量反彈，3日K線為晨星K線組合的向上轉折訊號，落底第一隻腳。

❷ 回檔後出現一星二陽K線組合向上轉折訊號，出現底底高的第二支腳。

❸ 再出現長紅K線上漲，收盤突破前面高點，多頭「底底高、頭頭高」確認，為強勢多頭底部，股價最低13.75元反彈回升，後來一路上漲到38.65元。

▶多頭結束轉空頭的弱勢頭部

情況1 盤頭期間，出現大量的出貨賣壓，頭部空頭確認，為弱勢下跌潛力股（出現在週線更好）。

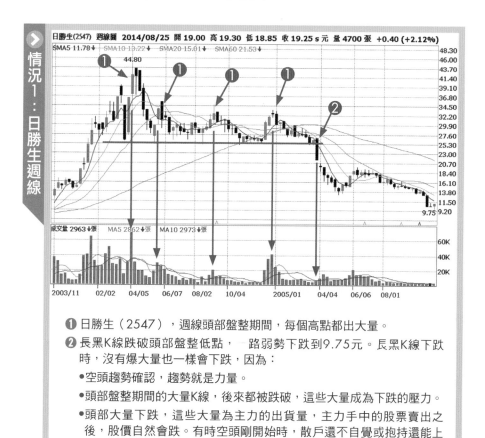

情況1：日勝生週線

❶ 日勝生（2547），週線頭部盤整期間，每個高點都出大量。

❷ 長黑K線跌破頭部盤整低點，一路弱勢下跌到9.75元。長黑K線下跌時，沒有爆大量也一樣會下跌，因為：

 • 空頭趨勢確認，趨勢就是力量。

 • 頭部盤整期間的大量K線，後來都被跌破，這些大量成為下跌的壓力。

 • 頭部大量下跌，這些大量為主力的出貨量，主力手中的股票賣出之後，股價自然會跌。有時空頭剛開始時，散戶還不自覺或抱持還能上漲的希望而沒賣出，所以不一定會出大量。

資料來源：富邦e01電子交易系統

情況2 頭部有2個月以上的均線糾結型態，當大量中長黑K跌破均線糾結，頭部確認，為弱勢下跌潛力股。

情況2：東鹼日線

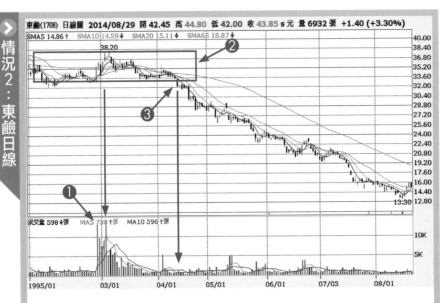

❶ 東鹼（1708），日線高點出大量。

❷ 日線盤頭約3個月，呈現均線糾結。

❸ 出現長黑K線跌破均線糾結，同時均線4線空頭排列下彎，空頭「頭頭低、底底低」確認，為弱勢空頭，股價最高38.2元下跌，後來一路下跌到13.3元。

資料來源：富邦e01電子交易系統

情況2：國精化週線

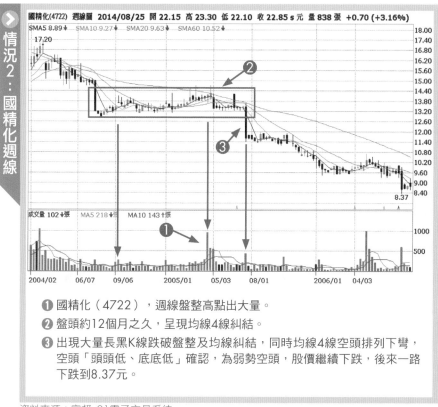

① 國精化（4722），週線盤整高點出大量。

② 盤頭約12個月之久，呈現均線4線糾結。

③ 出現大量長黑K線跌破盤整及均線糾結，同時均線4線空頭排列下彎，
空頭「頭頭低、底底低」確認，為弱勢空頭，股價繼續下跌，後來一路
下跌到8.37元。

資料來源：富邦e01電子交易系統

情況3 頭部轉折高點出現大量連三黑，或下跌3天出現2次跳空缺口快速下跌，當後續完成空頭頭部，為弱勢下跌的潛力股。

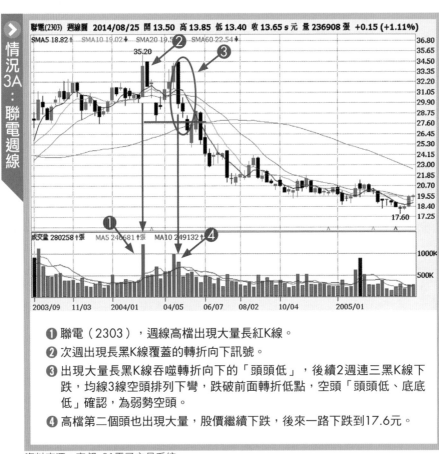

情況3A：聯電週線

● 聯電（2303），週線高檔出現大量長紅K線。

② 次週出現長黑K線覆蓋的轉折向下訊號。

③ 出現大量長黑K線吞噬轉折向下的「頭頭低」，後續2週連三黑K線下跌，均線3線空頭排列下彎，跌破前面轉折低點，空頭「頭頭低、底底低」確認，為弱勢空頭。

④ 高檔第二個頭也出現大量，股價繼續下跌，後來一路下跌到17.6元。

資料來源：富邦e01電子交易系統

情況3B：聯電日線

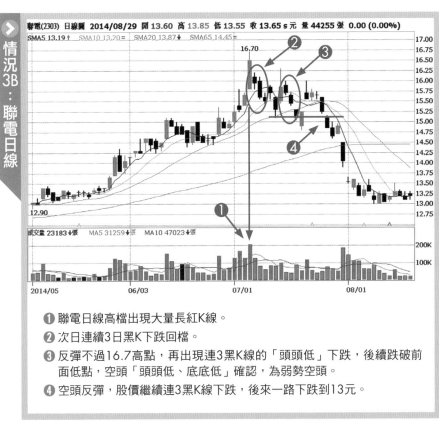

① 聯電日線高檔出現大量長紅K線。

② 次日連續3日黑K下跌回檔。

③ 反彈不過16.7高點，再出現連3黑K線的「頭頭低」下跌，後續跌破前面低點，空頭「頭頭低、底底低」確認，為弱勢空頭。

④ 空頭反彈，股價繼續連3黑K線下跌，後來一路下跌到13元。

資料來源：富邦e01電子交易系統

情況4 急跌回檔後，再上漲不到回檔幅度的三分之一，就轉折下跌，完成「頭頭低、底底低」的空頭確認，為弱勢下跌的潛力股。

情況4：亞聚日線

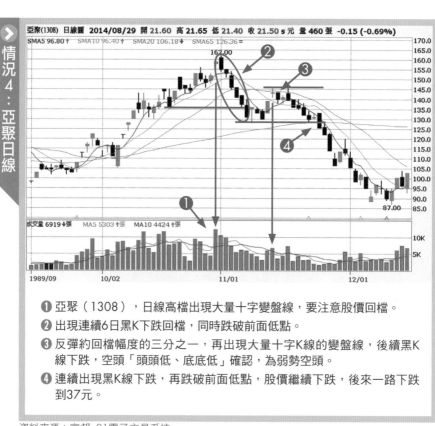

1 亞聚（1308），日線高檔出現大量十字變盤線，要注意股價回檔。

2 出現連續6日黑K下跌回檔，同時跌破前面低點。

3 反彈約回檔幅度的三分之一，再出現大量十字K線的變盤線，後續黑K線下跌，空頭「頭頭低、底底低」確認，為弱勢空頭。

4 連續出現黑K線下跌，再跌破前面低點，股價繼續下跌，後來一路下跌到37元。

資料來源：富邦e01電子交易系統

情況4：中化週線

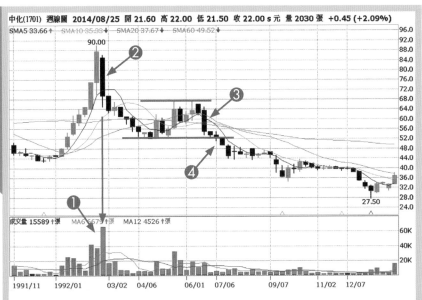

❶ 中化（1701），週線高檔出現爆大量。

❷ 週線出現長黑K線貫穿的轉折向下訊號下跌。

❸ 上漲約回檔幅度的三分之一，再出現大量黑K線下跌，同時出現「頭頭低」。

❹ 黑K線下跌，再跌破前面低點，形成空頭「頭頭低、底底低」確認，為弱勢空頭。股價繼續下跌，後來一路下跌到27.5元。

資料來源：富邦e01電子交易系統

情況5 頭部為頭肩頂、復式頭肩頂、三重頂、上升楔型等型態，大量跌破，完成確認的頭部，為弱勢下跌的潛力股。

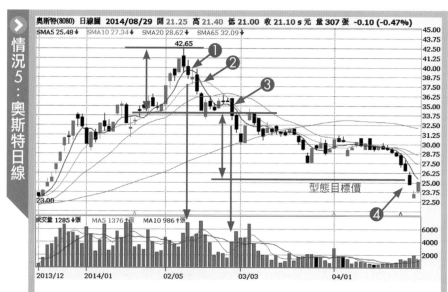

情況5：奧斯特日線

❶ 奧斯特（8080），日線高檔時出現爆大量、黑K線吞噬的轉折向下回檔下跌。

❷ 再出現大量長黑K線下跌，同時出現「一星二陰」繼續下跌。

❸ 弱勢反彈後大量長黑K線下跌，再跌破前面低點，出現「頭肩頂」的型態確認，同時形成空頭「頭頭低、底底低」確認，後續連三黑下跌，為弱勢空頭，反彈不過高再下跌，可繼續做空。

❹「頭肩頂」的型態確認後下跌的目標價位置。

資料來源：富邦e01電子交易系統

情況5：飛宏週線

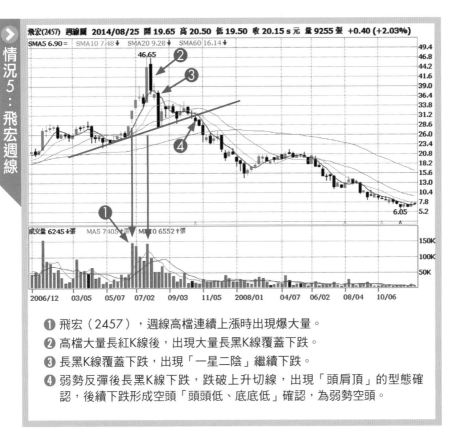

❶ 飛宏（2457），週線高檔連續上漲時出現爆大量。

❷ 高檔大量長紅K線後，出現大量長黑K線覆蓋下跌。

❸ 長黑K線覆蓋下跌，出現「一星二陰」繼續下跌。

❹ 弱勢反彈後長黑K線下跌，跌破上升切線，出現「頭肩頂」的型態確
認，後續下跌形成空頭「頭頭低、底底低」確認，為弱勢空頭。

資料來源：富邦e01電子交易系統

情況6 頭部出現2次以上大量轉折向下的K線組合型態，例如：長黑吞噬、孤島轉折、夜星轉折、內困三黑、跳缺回補、下降三法、一星二陰等的組合，為弱勢下跌的潛力股（上述轉折向下的K線組合，參見《抓住K線 獲利無限》）。

情況6：悠克週線

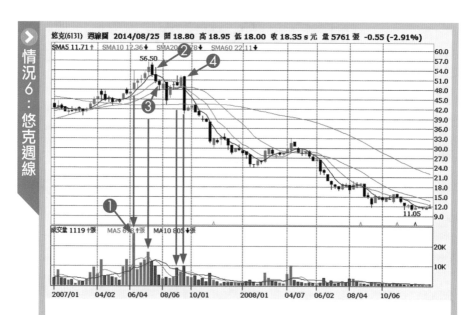

❶ 悠克（6131），週線高檔上漲時出現爆大量。

❷ 高檔價量背離，出現長黑K線吞噬回檔。

❸ 下跌「連三黑」繼續回檔。

❹ 弱勢反彈後大量長黑K線，出現「三線反黑」，同時形成空頭「頭頭低、底底低」確認，後續為弱勢空頭。股價由高點56.5元，一直跌倒11.05元。

資料來源：富邦e01電子交易系統

情況 6：悠克週線

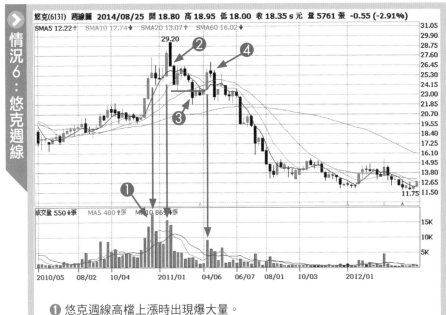

① 悠克週線高檔上漲時出現爆大量。

② 高檔價量背離，出現連續2週長黑K線下跌，形成吞噬。

③ 反彈後，下跌「連三黑」，同時形成空頭「頭頭低、底底低」確認。

④ 弱勢反彈後，出現「夜星轉折」，後續為弱勢空頭。股價由高點29.2元，一直跌倒11.75元。

資料來源：富邦e01電子交易系統

情況6：友訊週線

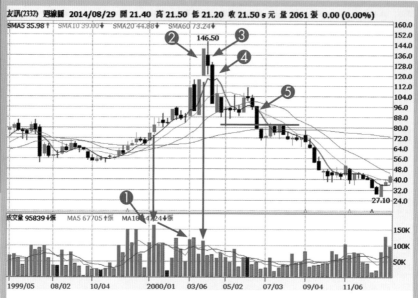

❶ 友訊（2332），週線高檔上漲時出現爆大量。

❷ 高檔連續長紅上漲創新高價，出現價量背離現象。

❸ 高檔黑K「母子懷抱」，轉折訊號。

❹ 長黑K線，出現「內困三黑」轉折確認。

❺ 長黑K線下跌，跌破9週盤整低點，同時形成空頭「頭頭低、底底低」
確認，後續為弱勢空頭。股價由高點146.5元，一直跌倒27.1元。

資料來源：富邦e01電子交易系統

Note

步驟2
進場

散戶經常遇到一買就跌、一賣就漲，關鍵其實都在進場
的位置。進場太早，被主力洗盤給洗掉，進場太晚，追
在高點，一買就跌，所以進場是資金投入股市的第一
步，更是賺錢與否的重要關鍵。

第1章	▶ 選對進場位置
第2章	▶ 股票做多6個進場位置
第3章	▶ 股票做空6個放空位置

做對5個實戰步驟
你就是賺錢高手

第1章

> 選對進場位置

不想發生一買就跌、一賣就漲的情形,一定要選對進場位置。研判最佳進場位置之前,應先建立下面幾項正確觀念。

> 研判進場位置5觀念

觀念1 >

進場前對要做的股票,一定要先做好準備工作,同時預估可能承受的風險及可能的獲利空間。

觀念2 >

只問進場位置對不對,不要計較價格高低,不要因為想買低一檔的價位,而錯失一次進場機會。

觀念3 >

確認後再買,成功機率比較高,例如多頭回檔,要等到再上漲確認才買,而非出現支撐就買。一般投資人不可能買到最低

點，即使買到最低點，失敗停損的機率也比較高。

觀念4

　　設定好進場條件，當條件都符合時，該買時就買，同時要規畫好資金分配，決定買進的數量，如果資金不多，採取一次買進，資金充足則可分2或3次買進。

觀念5

　　再好的進場位置，都沒有百分之百的成功率，因此，任何位置進場都要設定停損點，一旦跌破停損，要按照紀律停損出場。（詳見〈步驟3：停損〉）

▶股票賺錢是「等」來的

　　股票賺錢是「等」來的，所謂的「等」，就是「等」進場位置的K線訊號。簡單説，短線操作的投資人，要「等」日線進場位置的K線訊號；中長線操作的投資人，則要「等」週線進場位置的K線訊號。

　　對於多頭走勢的股票，要在多頭買進；空頭走勢的股票，則要在空頭放空。如在盤整區操作，因為獲利不高，原則上不建議進場買賣股票。

▶影響股票漲跌的外在因素

　　每個人買股票都希望，做多買進能馬上漲，做空的股票則能

馬上跌，但股票漲跌的因素很多，除了股票本身基本面、技術面的好壞之外，還有許多外在因素必須考慮進去，然後再擬定整體的操作策略，這樣才能掌握賺錢機會。

股票是一種投資操作商品，其實每檔股票都不是單獨存在，「個別股票」的上層是「類股族群」，再往上是「台股大盤」和「國際盤」。股票上層的每個環境，都會影響股票本身的漲跌和強弱。

由上而下來看，「國際盤」不好會影響「台股大盤」，「台股大盤」不好會影響「類股族群」，「類股族群」不好會影響「個股」。

因此，當大盤好、類股好，在這個類股中的強勢股做多，最容易賺錢。反之，當大盤不好、類股不好，即使做多這個類股的強勢上漲股，也不容易賺錢。

例如2014年10月17，台股大盤空頭下跌120點（見次頁圖1），電子類股也是空頭下跌（見次頁圖2），股王大立光（3008）在前一天公布第3季超賺，單季EPS為39.4元，創台股新紀錄，前3季累積EPS為89.51元，可是2014年10月17當天，大立光卻是跌停鎖死（見次頁圖3），這就是受到類股及台股大盤的空頭趨勢影響。

圖1：台股大盤走勢是空頭

資料來源：富邦e01電子交易系統

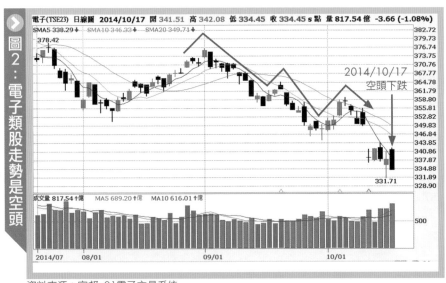

圖2：電子類股走勢是空頭

資料來源：富邦e01電子交易系統

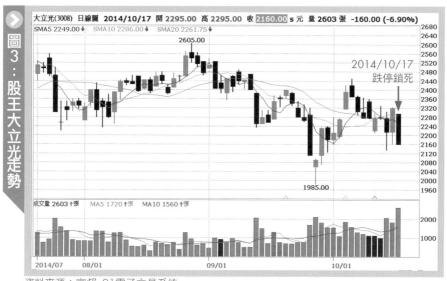

圖３：股王大立光走勢

資料來源：富邦e01電子交易系統

第2章

股票做多
6個進場位置

在本章所述的6個位置，投資人可以進場做多。從所舉的範例中，可以學會如何正確判斷做多位置。

◎多頭進場位置1

盤整末端的向上突破紅K線

| 簡單口訣 | 盤整的突破 |

1. K線如果符合「價漲、量增、線實」訊號，買進上漲的機率很高。

　　價漲：收盤價上漲，收盤價突破盤整的上頸線。

　　量增：成交量大於昨日成交量的1.3倍以上。

　　線實：K線收中長紅K的實體棒（上漲2.5％以上）。

2. 日線進場的K線訊號是操作短線的買進位置。

　　週線進場的K線訊號是操作中長線的買進位置。

3. 成交量越大，紅K線實體棒越長，上漲力道越強。

4. 跳空上漲的缺口越大，上漲力道越強。

5. 進場後要設定停損，並且嚴格執行停損。

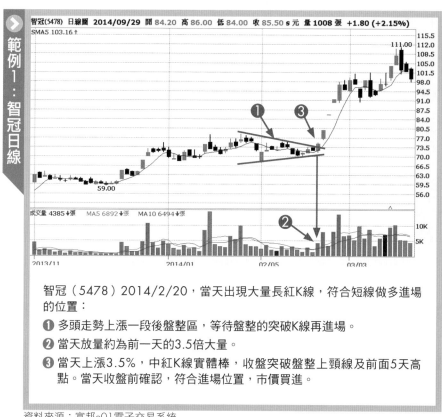

智冠（5478）2014/2/20，當天出現大量長紅K線，符合短線做多進場的位置：

❶ 多頭走勢上漲一段後盤整區，等待盤整的突破K線再進場。

❷ 當天放量約為前一天的3.5倍大量。

❸ 當天上漲3.5%，中紅K線實體棒，收盤突破盤整上頸線及前面5天高點。當天收盤前確認，符合進場位置，市價買進。

資料來源：富邦e01電子交易系統

範例2：佳世達日線

佳世達(2352) 日線圖 2014/09/24 開 14.90 高 15.10 低 14.85 收 14.85 s 元 量 8968 漲 0.00 (0.00%)

成交量 11894↓張　　MA5 19050↑張　　MA10 13842↑張

佳世達（2352）2013/12/20，當天出現大量長紅K線，符合短線做多進場的位置：

❶ 底部盤整1.5個月的盤整區，等待盤整的突破K線再進場。

❷ 底部當天放量約為前一天的8倍大量。

❸ 長紅K線實體棒，收盤突破盤整上頸線及前面高點，波浪型態也完成「頭頭高、底底高」的多頭趨勢。當天收盤前確認，符合進場位置，市價買進。

資料來源：富邦e01電子交易系統

❯重點提示

1. 當一檔股票跌到相對的低檔位置，開始進入橫向盤整（也稱為打底），就可以開始鎖股追蹤觀察，等到大量長紅K線突破時進場。

2. 當一檔股票多頭開始上漲一段（初升段），開始進入盤整

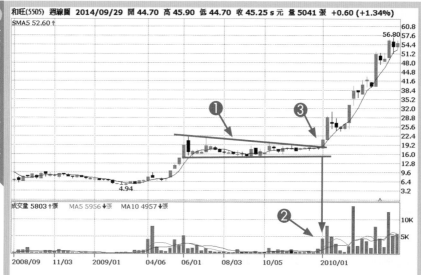

範例3：和旺週線

和旺（5505）2010/1/8，日當週出現大量長紅K線，符合中期做多進場的位置：

❶ 多頭走勢上漲一段後盤整區，等待盤整的突破K線再進場。

❷ 當週放量約為前一週的3.8倍大量。

❸ 當週上漲16.5%，中紅K線實體棒，收盤突破盤整上頸線及前面6個月高點。當週收盤前確認，符合中波段操作進場買進位置。

資料來源：富邦e01電子交易系統

時，這時可以鎖股追蹤觀察，等到大量長紅K線突破時買進，做主升段的上漲。

3. 當一檔股票多頭已經上漲過2波段，到相對的高檔位置，開始進入盤整時，這時可以鎖股追蹤觀察，等到大量長紅K線突破時進場買進，但是要特別注意，3天之內不可以出現下

跌回到盤整區內，這容易是「假突破、真下跌」。

4. 盤整末端出現「假突破、真下跌」，如果出現下跌的中長黑
K（有量或沒量皆可），往下跌破盤整區會大跌，可以反手
做空（這個盤整區稱為頭部）。

東鹼（1708）1997/4/14，當天出現大量長紅K線，符合短線做多進場
的位置：

❶ 高檔盤整1個月的盤整區，等待盤整的突破K線再進場。

❷ 突破當天放量約為前一天的2.4倍大量。

❸ 長紅K線實體棒，收盤突破盤整上頸線，繼續上漲。

❹ 次日再爆更大量，出現十字變盤線，要特別注意隔天不能出現下跌黑K
的回檔。

❺ 紅K上漲第3天，股價下跌到盤整區，向上紅K的突破是假突破。

❻ 當天中黑K收盤確認跌破盤整區，雖然量縮，仍符合進場放空位置。

資料來源：富邦e01電子交易系統

◉多頭進場位置2

多頭回檔止跌，沒有跌破前面低點，出現再上漲的中長紅K線。

簡單口訣 **回後買上漲**

1. K線如符合「價漲、量增、線實」的訊號，買進上漲的機率很高。

   價漲：收盤價上漲，收盤價突破前一天止跌K線的最高點。

   量增：成交量大於昨日成交量的1.3倍以上。

   線實：K線收中長紅K的實體棒（上漲2.5%以上）。

2. 日線進場的K線訊號是操作短線的買進位置。

   週線進場的K線訊號是操作中長線的買進位置。

3. 回檔幅度越小就止跌上漲的股票越強勢，越要把握機會進場做多。

4. 當天如果是跳空上漲的中長紅K線，上攻力道越強，更要把握機會進場做多。

5. 進場後要設定停損，並且嚴格執行停損。

範例1：美時日線

美時(1795) 日線圖 2014/09/29 開 121.00 高 124.50 低 121.00 收 123.00 s 元 量 1058 張 +2.00 (+1.65%)

① 美時（1795）2013/11/28，當天出現大量長紅K線，放量約為前一天的3.8倍，收盤突破前面高點，「頭頭高，底底高」多頭確認。

② 2013/12/4，當天多頭回檔，沒有跌破前面低點，出現長紅K線實體棒，放量約為前一天的1.8倍，收盤突破昨日高點，多頭繼續上漲，是多頭買進位置。

③ 2013/12/24，當天多頭回檔，沒有跌破前面低點，出現長紅K線實體棒，放量約為前一天的1.3倍，收盤突破昨日高點，多頭繼續上漲，是多頭買進位置。

④ 2014/1/14，當天多頭回檔，沒有跌破前面低點，出現長紅K線實體棒，放量約為前一天的3倍，收盤突破昨日高點，多頭繼續上漲，是多頭買進位置。

資料來源：富邦e01電子交易系統

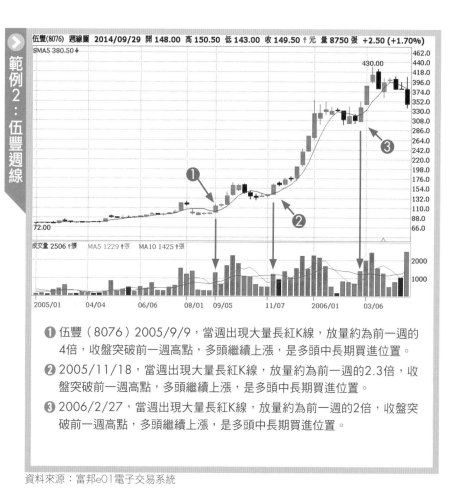

範例2：伍豐週線

❶ 伍豐（8076）2005/9/9，當週出現大量長紅K線，放量約為前一週的4倍，收盤突破前一週高點，多頭繼續上漲，是多頭中長期買進位置。

❷ 2005/11/18，當週出現大量長紅K線，放量約為前一週的2.3倍，收盤突破前一週高點，多頭繼續上漲，是多頭中長期買進位置。

❸ 2006/2/27，當週出現大量長紅K線，放量約為前一週的2倍，收盤突破前一週高點，多頭繼續上漲，是多頭中長期買進位置。

資料來源：富邦e01電子交易系統

◎多頭進場位置3

多頭中長紅K線上漲後，股價維持在K線上方橫盤，當再出現大量中長紅K線，突破橫盤最高點時，是進場的位置。

簡單口訣 K線橫盤的突破

1. K線如符合「價漲、量增、線實」的訊號，買進上漲的機率很高。

   價漲：收盤價上漲，突破盤整的上頸線。

   量增：成交量大於昨日成交量的1.3倍以上。

   線實：K線收中長紅K的實體棒（上漲2.5%以上）。

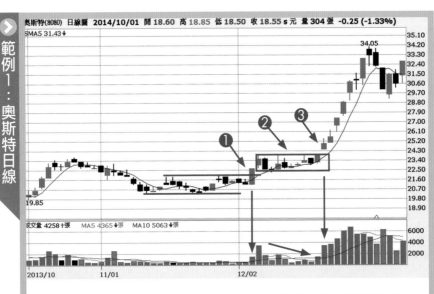

範例1：奧斯特日線

❶ 奧斯特（8080）2013/12/4，當天出現大量長紅K線，放量約為前一天的2倍，收盤突破盤整高點，是多頭買進位置。

❷ 大量長紅K線之後，在長紅K線上方橫盤10天，橫盤時量縮。

❸ 2013/12/19，當天出現開盤向上跳空，突破10天K線橫盤，同時放量約為前一天的2.2倍，多頭繼續上漲，是多頭買進位置。

資料來源：富邦e01電子交易系統

2. 日線進場的K線訊號是操作短線的買進位置。

　日線進場的K線訊號是操作中長線的買進位置。

3. 突破當天如果是跳空上漲的的K線，股票越強，更要把握機

　會進場做多。

4. 進場後要設定停損，並且嚴格執行停損。

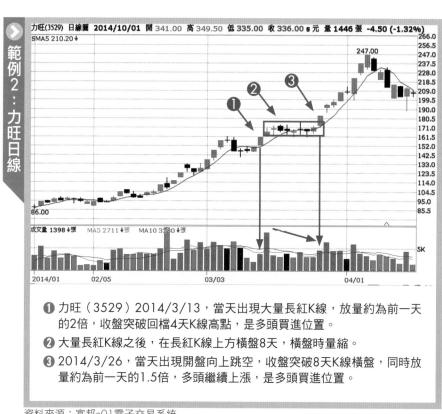

範例2：力旺日線

力旺(3529) 日線圖　2014/10/01 開 341.00 高 349.50 低 335.00 收 336.00 s 元 量 1446 張 -4.50 (-1.32%)

① 力旺（3529）2014/3/13，當天出現大量長紅K線，放量約為前一天
　的2倍，收盤突破回檔4天K線高點，是多頭買進位置。

② 大量長紅K線之後，在長紅K線上方橫盤8天，橫盤時量縮。

③ 2014/3/26，當天出現開盤向上跳空，收盤突破8天K線橫盤，同時放
　量約為前一天的1.5倍，多頭繼續上漲，是多頭買進位置。

資料來源：富邦e01電子交易系統

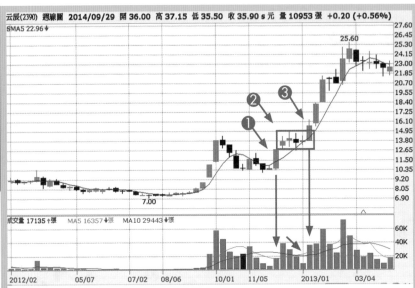

範例3：云辰週線

資料來源：富邦e01電子交易系統

❶ 云辰（2390）2012/12/3，週線當週出現大量長紅K線，放量約為前一週的3倍，收盤突破回檔5週K線高點，是多頭中期買進位置。

❷ 大量長紅K線之後，在長紅K線上方橫盤4週，盤整期量縮。

❸ 2013/1/7，當週出現大量長紅K線，收盤突破4週K線橫盤，同時放量約為前一週的3倍，中期多頭繼續上漲，是中期做多買進位置。

▶多頭進場位置4

多頭向上跳空中長紅K線,股價維持在缺口上方整理,當出現整理末端的大量中長紅K線上漲時,是進場的位置。

簡單口訣 缺口之上等買點

1. 上漲紅K線如符合「價漲、量增、線實」的訊號,買進上漲的機率很高。

   價漲:收盤價上漲,收盤價突破整理的上頸線。

   量增:成交量大於昨日成交量的1.3倍以上。

   線實:K線收中長紅K的實體棒(上漲2.5%以上)。

2. 日線進場的K線訊號是操作短線的買進位置。

   週線進場的K線訊號是操作中長線的買進位置。

3. 當天上漲紅K線如果出現跳空上漲的K線,是主力強勢上攻,更要把握機會進場做多。

4. 進場後要設定停損,並且嚴格執行停損。

範例1：陽程日線

資料來源：富邦e01電子交易系統

❶ 陽程（3498）2012/8/31，當天出現大量跳空漲停板，放量約為前一天的3倍。

❷ 之後連續15日都維持在大量跳空漲停板的缺口之上，缺口沒有被回補，盤整區量縮，等待發動攻擊時做多。

❸ 2012/9/24，當天出現開盤向上跳空，收盤突破15天盤整，同時放量約為前一天的3倍，多頭繼續上漲，是多頭買進位置。

範例2：雷科日線

● 雷科（6207）2009/8/12，當天出現大量跳空漲停板，放量約為前一天的3倍。

② 之後連續13日都維持在大量跳空漲停板的缺口之上，缺口沒有被回補，盤整區量縮，等待發動攻擊時做多。

❸ 2009/9/1，當天出現大量長紅K線，收盤突破13天盤整，同時放量約為前一天的1.5倍，多頭繼續上漲，是多頭買進位置。

資料來源：富邦e01電子交易系統

範例3：迎廣週線

① 迎廣（6117）2014/2/17，當週出現大量跳空上漲紅K線，放量約為前一週的5.2倍。

② 之後連續12週都維持在大量跳空缺口之上，缺口沒有被回補，盤整時期量縮，等待發動攻擊時做多。

③ 2014/5/19，當週出現大量長紅K線，收盤突破12週高點，同時放量約為前一天的49倍，中期多頭繼續上漲，是中期做多買進位置。

資料來源：富邦e01電子交易系統

◎多頭進場位置5

多頭底部型態,出現大量中長紅K線向上突破,型態確認時,是進場的位置。

簡單口訣 型態突破的買點

1. 上漲紅K線如符合「價漲、量增、線實」的訊號,買進上漲的機率很高。

   價漲:收盤價上漲,收盤價確認突破型態上頸線。

   量增:成交量大於昨日成交量的1.3倍以上。

   線實:K線收中長紅K的實體棒(上漲2.5%以上)。

2. 日線進場的K線訊號是操作短線的買進位置。

   週線進場的K線訊號是操作中長線的買進位置。

3. 型態突破確認之後,可以參考型態上漲的目標價,預估獲利空間及操作的目標。不同型態,達到目標價機率不同。

4. 當天型態突破確認上漲的紅K線,如果是跳空上漲的K線,上漲力道越強,更要把握機會進場做多。

5. 進場後要設定停損,並且嚴格執行停損。

6. 多頭底部反轉成功率高的幾個型態:頭肩底、複式頭肩底、N字底、三重底、圓弧底、一字底。(有關型態的詳細説明參見《抓住飆股輕鬆賺》304頁附錄〈學會辨認型態 股市無往不利〉)

範例1：國產日線

❶ 國產（2504）空頭下跌到低檔，大量長紅反彈到前面的高點，回檔2天開始上漲，形成頭肩底型態，兩高點連接成型態上頸線。

❷ 2011/4/7，當天出現大量長紅K線，收盤突破頭肩底型態上頸線，同時放量約為前一天的2倍，型態確認，底部多頭完成。

型態目標價位置13.2＋（13.2－11.65）＝14.75。

❸ 2011/4/20，當天最高點到14.95，收盤14.7。

資料來源：富邦e01電子交易系統

範例2：亞聚日線

亞聚(1308) 日線圖 2014/10/03 開 20.80 高 20.85 低 20.65 收 20.75 s 元 量 468 張 -0.05 (-0.24%)

資料來源：富邦e01電子交易系統

❶ 亞聚（1308）空頭下跌到低檔，窒息量長紅吞噬，反彈到前面的高點，回檔盤右肩後開始上漲，形成複式頭肩底型態，兩高點連接成型態上頸線。

❷ 1991/2/5，當天出現大量跳空長紅K線，收盤突破複式頭肩底型態上頸線，同時放量約為前一天的1.5倍，型態確認，底部多頭完成。
型態目標價位置32.6＋（32.6－22.9）＝42.3。

❸ 1991/2/21，當天收盤42.9。

範例 3 ： 華泰日線

華泰(2329) 日線圖 2014/10/03 開 12.65 高 13.00 低 12.55 收 13.00 s 元 量 5871 張 +0.50 (+4.00%)

SMA5 5.36

三重底

目標價4.95

4.45

3.95

5.90

成交量 827 張   MA5 1770 張   MA10 1723 張

2011/10   11/01   12/01   2012/01   02/01

❶ 華泰（2329）空頭下跌到低檔，長達2.5個月底部盤整形成三重底型
態，兩高點連接成型態上頸線。

❷ 2012/2/1，當天出現大量長紅K線，收盤突破三重底型態上頸線，同
時放量約為前一天的1.3倍，型態確認，底部多頭完成。
型態目標價位置4.45＋（4.45－3.95）＝4.95。

❸ 2012/2/4，當天收盤5.00。

資料來源：富邦e01電子交易系統

範例4：啟碁日線

啓碁(6285) 日線圖 2014/10/03 開 71.00 高 72.30 低 71.00 收 72.20 s 元 量 368 張 +1.20 (+1.69%)

SMA5 82.84↓

N字底 ❶

目標價80.1 ❸

85.00

74.6

前高

70.0 ❷

64.50

成交量 2190↓張 MA5 2761↓張 MA10 2965↓張

2014/04　　05/02　　06/03　　07/01

❶ 啟碁（6285）空頭下跌到低檔後，出現大量長下影線黑K，然後強力反彈突破前高，最高點到74.6，回檔幅度不到反彈幅度的二分之一，出現止跌。

❷ 2014/6/30，當天出現大量長紅K線上漲，收盤突破前5天K線高點，出現晨星轉折的回後上漲，呈現N字型態上漲。當天放量約為前一天的2倍，型態確認，當天進場。

型態目標價位置70＋（74.6－64.5）＝80.1。

❸ 2014/7/14，當天高點80.4，收盤79.7。

資料來源：富邦e01電子交易系統

範
例
5
：
高
雄
銀
日
線

資料來源：富邦e01電子交易系統

❶ 高雄銀（2836）空頭下跌到低檔，4個月打底，逐漸形成圓弧底型態。

❷ 2000/1/25，當天出現大量長紅K線上漲，收盤突破圓弧底左邊高點
13.0，當天放量約為前一天的2倍，型態確認，當天收盤進場。
型態目標價位置13＋（13－10.5）＝15.5。

❸ 2000/2/9，當天高點15.6，收盤15.5。

範
例
6
：
新
建
週
線

新建(2516) 週線圖 2014/09/29 開 8.25 高 8.32 低 8.04 收 8.26 s 元 量 711 張 -0.02 (-0.24%)

SMA5 15.02↑

16.40

圓弧底

目標價10.35

7.95

5.55

❶

❷

❸

成交量 13761↓張   MA5 28771↓張   MA10 30082↓張

2009/10   2010/01   03/01   04/06   06/07   08/02   09/06   11/01   12/06

❶ 新建（2516）空頭到低檔，6個月下跌打底，由於長時間打底，週線逐漸形成圓弧底型態。

❷ 2010/8/30，當週出現大量長紅K線上漲，收盤突破圓弧底左邊高點7.95，當天放量約為前一週的6.5倍，型態確認，當週收盤進場。
型態目標價位置7.95＋（7.95－5.55）＝10.35。

❸ 2010/10/4，當天高點10.7，收盤10.0。

資料來源：富邦e01電子交易系統

範例7：陽程日線

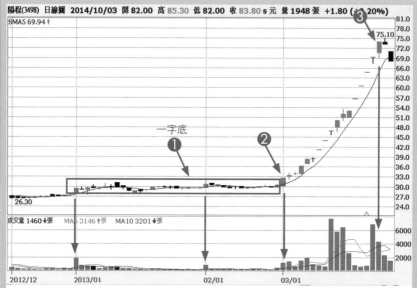

① 陽程（3498）空頭到低檔，3個月橫向打底，由於長時間在狹幅區間整理，逐漸形成一字底型態，打底期間偶爾看到突出大量。

② 2013/3/1，當天出現大量長紅K線上漲，收盤突破一字底盤整高點，當天放量約為前一天的3倍，一字型態突破確認，當天收盤32.6進場。一字型態底部，突破後經常成為強勢飆股，要把握進場做多，按照紀律守MA5均線操作，會有驚人獲利。

③ 2013/3/25，當天高檔連續出現大量，次兩日2013/3/27日，黑K收盤跌破MA5均線，收盤68.2出場。
單趟獲利（68.2－32.6）÷32.6＝109%，獲利驚人。

資料來源：富邦e01電子交易系統

範例8：伍豐週線

伍豐(8076) 週線圖 2014/09/29 開 148.00 高 158.00 低 143.00 收 157.00 s 元 量 15831 張 +10.00 (+6.80%)

SMA5 118.30↑

一字底

一字底

132.00

32.45

成交量 22680↓張　　MA5 34652↑張　　MA10 26737↓張

2012/09　11/05　2013/01　03/04　05/06　07/01　08/05

❶ 伍豐（8076）空頭到低檔，3個月橫向打底，由於長時間在狹幅區間整理，逐漸形成一字底型態，打底期間偶爾看到突出大量。

❷ 2013/3/25，當週出現大量長紅K線上漲，收盤突破一字底盤整高點，當週放量約為前一週的2倍，一字型態突破確認，當週可以進場。一字型態底部，突破後經常成為強勢飆股，要把握進場做多，按照紀律守MA5週均線操作，都會有不錯獲利。

❸ 上漲4週後，再出現4個月橫向整理，由於長時間在狹幅區間整理，再形成一字底型態。

❹ 2013/8/5，當週出現大量長紅K線上漲，收盤突破一字型盤整高點，當週放量約為前一週的2.3倍，一字型態突破確認，當週可以進場。後續按照紀律守MA5週均線操作，上漲幅度驚人。

資料來源：富邦e01電子交易系統

◎多頭進場位置6

多頭下面的圖型，可以在當天收盤或次日開盤進場，做隔日沖或當日沖，賺取上漲價差。

1. 抓住次日開盤或當天收盤的機會進場，賺取上漲價差。

2. 以日線K線轉折或續漲的訊號，做為買進的位置，與基本面無關。

3. 次日或當天走勢強勁，可以看趨勢、價量配合及位置再留單一天。

4. 次日或當天走勢不理想，沒有價差就出場，因此沒有大賠的風險。

5. 屬於超短線操作，獲利不大，要以量取勝。

操作紀律：

1. 選擇符合條件的強勢多頭股票做多，或空頭急跌的股票搶反彈做多。

2. 盤中可以用5分K走勢圖操作。

3. 此法獲利小，要以量取勝，資金要集中在1～2檔，不宜同時做多檔股票，以免盤中無法照顧。

4. 操作必須看盤，並且嚴守停損及停利紀律。

情況1 多頭回檔到重要支撐，出現止跌的變盤線，隔日跳空開高盤進場做多。重要支撐：月線、季線、大量缺口、大量長紅K線、盤整突破的上頸線。

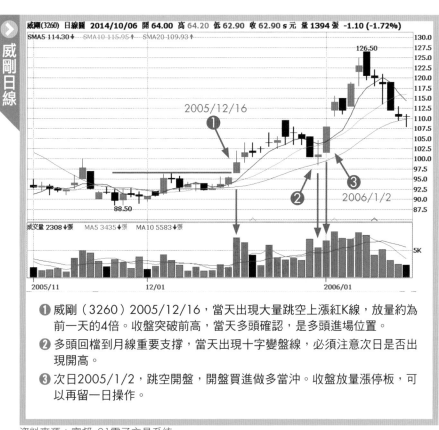

威剛日線

資料來源：富邦e01電子交易系統

❶ 威剛（3260）2005/12/16，當天出現大量跳空上漲紅K線，放量約為前一天的4倍。收盤突破前高，當天多頭確認，是多頭進場位置。

❷ 多頭回檔到月線重要支撐，當天出現十字變盤線，必須注意次日是否出現開高。

❸ 次日2005/1/2，跳空開盤，開盤買進做多當沖。收盤放量漲停板，可以再留一日操作。

浩鼎日線

浩鼎(4174) 日線圖 2014/10/06 開 439.89 高 445.00 低 435.02 收 438.87↑元 量 578.80張 +0.49 (+0.11%)
SMA5 374.90↑ SMA10 361.15↑ SMA20 343.87↑

成交量 1265.00↓張 MA5 1098.00↑張 MA10 1009.40↑張

❶ 浩鼎（4174）連續大漲到高檔，2014/7/28當天出現大量跳空下跌黑K線，跌破前一天長紅K線低點，放量約為前一天的1.7倍，呈現急漲後的急跌。

❷ 急跌回檔到前面低點位置，出現支撐十字變盤線。次日2014/8/8，為開低盤，不宜進場。

❸ 2014/8/18，回檔到前面兩個低點位置，出現支撐十字變盤線。觀察次日是否有機會開高反彈。次日2014/8/19，跳空開盤，開盤買進做多當沖。

❹ 2014/9/9，當天出現大量長紅K線，收盤突破前面高點，放量約為前一天的5倍，多頭確認，收盤做多的次日上漲。

資料來源：富邦e01電子交易系統

情況2 多頭向上跳空過壓力，或向上跳空突破盤整，當天跳空開盤做多。

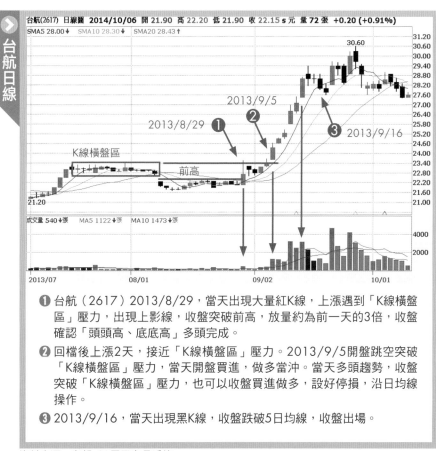

① 台航（2617）2013/8/29，當天出現大量紅K線，上漲遇到「K線橫盤區」壓力，出現上影線，收盤突破前高，放量約為前一天的3倍，收盤確認「頭頭高、底底高」多頭完成。

② 回檔後上漲2天，接近「K線橫盤區」壓力。2013/9/5開盤跳空突破「K線橫盤區」壓力，當天開盤買進，做多當沖。當天多頭趨勢，收盤突破「K線橫盤區」壓力，也可以收盤買進做多，設好停損，沿日均線操作。

③ 2013/9/16，當天出現黑K線，收盤跌破5日均線，收盤出場。

資料來源：富邦e01電子交易系統

情況3 大量過高長紅，當天收盤買進，做次日上漲價差。

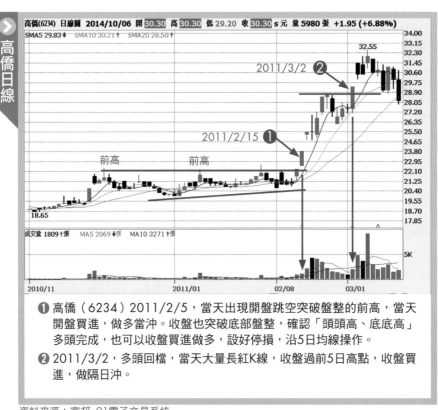

❶ 高僑（6234）2011/2/5，當天出現開盤跳空突破盤整的前高，當天
開盤買進，做多當沖。收盤也突破底部盤整，確認「頭頭高、底底高」
多頭完成，也可以收盤買進做多，設好停損，沿5日均線操作。

❷ 2011/3/2，多頭回檔，當天大量長紅K線，收盤過前5日高點，收盤買
進，做隔日沖。

資料來源：富邦e01電子交易系統

情況4　空頭急跌當天出現大量長紅K線的止跌反彈，收盤過高。收盤買進，做隔日沖（次日上漲價差）。

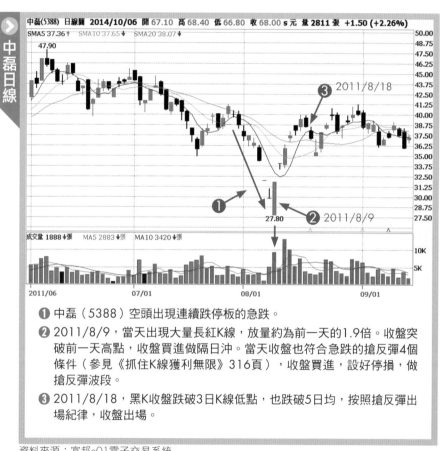

中磊(5388) 日線圖 2014/10/06 開 67.10 高 68.40 低 66.80 收 68.00 s 元 量 2811 張 +1.50 (+2.26%)

SMA5 37.36↑　SMA10 37.65↓　SMA20 38.07↓

中磊日線

❶ 中磊（5388）空頭出現連續跌停板的急跌。

❷ 2011/8/9，當天出現大量長紅K線，放量約為前一天的1.9倍。收盤突破前一天高點，收盤買進做隔日沖。當天收盤也符合急跌的搶反彈4個條件（參見《抓住K線獲利無限》316頁），收盤買進，設好停損，做搶反彈波段。

❸ 2011/8/18，黑K收盤跌破3日K線低點，也跌破5日均，按照搶反彈出場紀律，收盤出場。

資料來源：富邦e01電子交易系統

情況5 空頭急跌當天出現大量K線止跌訊號,次日開盤向上跳空,開盤時買進,做當天反彈上漲價差。

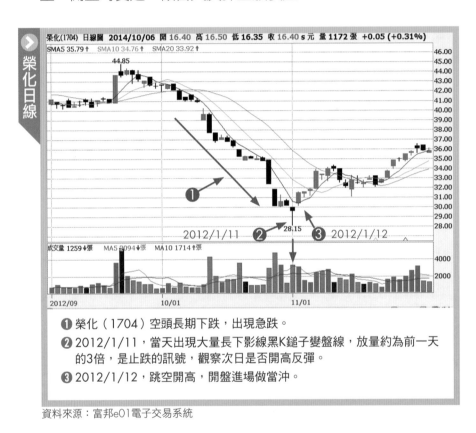

① 榮化（1704）空頭長期下跌,出現急跌。

② 2012/1/11,當天出現大量長下影線黑K鎚子變盤線,放量約為前一天的3倍,是止跌的訊號,觀察次日是否開高反彈。

③ 2012/1/12,跳空開高,開盤進場做當沖。

資料來源:富邦e01電子交易系統

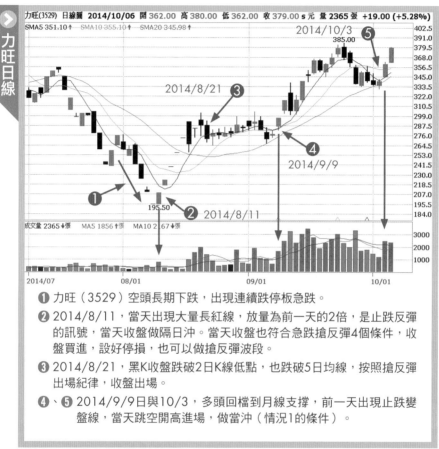

力旺日線

力旺(3529) 日線圖 2014/10/06 開 362.00 高 380.00 低 362.00 收 379.00 s 元 量 2365 張 +19.00 (+5.28%)

SMA5 351.10↑ SMA10 355.10↑ SMA20 345.98↑

2014/10/3 ❺
385.00

2014/8/21 ❸

2014/9/9 ❹

195.50

❷ 2014/8/11

成交量 2365↓張　MA5 1856↑張　MA10 2 67↓張

① 力旺（3529）空頭長期下跌，出現連續跌停板急跌。

② 2014/8/11，當天出現大量長紅線，放量為前一天的2倍，是止跌反彈的訊號，當天收盤做隔日沖。當天收盤也符合急跌搶反彈4個條件，收盤買進，設好停損，也可以做搶反彈波段。

③ 2014/8/21，黑K收盤跌破2日K線低點，也跌破5日均線，按照搶反彈出場紀律，收盤出場。

④、⑤ 2014/9/9日與10/3，多頭回檔到月線支撐，前一天出現止跌變盤線，當天跳空開高進場，做當沖（情況1的條件）。

資料來源：富邦e01電子交易系統

163

第3章

股票做空
6個放空位置

在本章所述的6個位置，投資人可以進場做空。從所舉的範例中，可以學會如何正確判斷放空位置。

◎空頭放空位置1

盤整末端的向下跌破下頸線黑K線

> 簡單口訣 | 盤整的跌破

1. 黑K線如符合「價跌、線實」的訊號，放空成功下跌的機率很高。

    價跌：收盤價下跌，收盤價跌破盤整的下頸線。

    線實：K線收中長黑K的實體棒（下跌2.5%以上）。

    成交量：大量或小量都可以。

2. 日線進場的K線訊號是操作短線的放空位置。

    週線進場的K線訊號是操作中長線的放空位置。

3. 黑K線實體棒越長，下跌力道越強。

4. 跳空下跌的缺口越大，下跌力道越強。

5. 進場後要設定停損，並且嚴格執行停損。

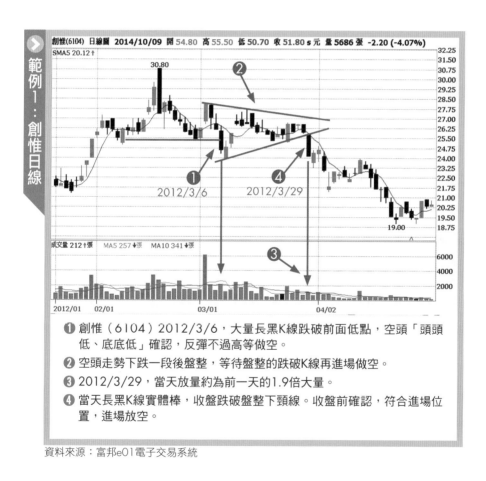

範例1：創惟日線

❶ 創惟（6104）2012/3/6，大量長黑K線跌破前面低點，空頭「頭頭低、底底低」確認，反彈不過高等做空。

❷ 空頭走勢下跌一段後盤整，等待盤整的跌破K線再進場做空。

❸ 2012/3/29，當天放量約為前一天的1.9倍大量。

❹ 當天長黑K線實體棒，收盤跌破盤整下頸線。收盤前確認，符合進場位置，進場放空。

資料來源：富邦e01電子交易系統

範例2：欣興日線

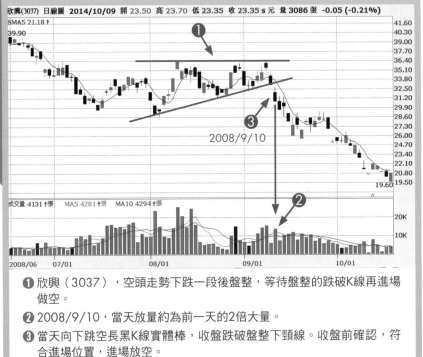

❶ 欣興（3037），空頭走勢下跌一段後盤整，等待盤整的跌破K線再進場做空。

❷ 2008/9/10，當天放量約為前一天的2倍大量。

❸ 當天向下跳空長黑K線實體棒，收盤跌破盤整下頸線。收盤前確認，符合進場位置，進場放空。

資料來源：富邦e01電子交易系統

❷ 重點提示

1. 當一檔股票漲到相對的高檔位置，開始進入橫向盤整（也稱為做頭），就可以開始鎖股追蹤觀察，等到大量長黑K線跌破時放空。

2. 當一檔股票空頭下跌一段（初跌段），開始進入盤整時，這時可以鎖股追蹤觀察，等到長黑K線跌破時放空，做主跌段的下跌（有量或無量下跌均可）。

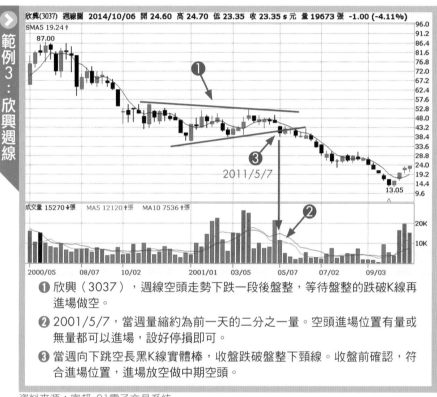

範例3：欣興週線

① 欣興（3037），週線空頭走勢下跌一段後盤整，等待盤整的跌破K線再進場做空。

② 2001/5/7，當週量縮約為前一天的二分之一量。空頭進場位置有量或無量都可以進場，設好停損即可。

③ 當週向下跳空長黑K線實體棒，收盤跌破盤整下頸線。收盤前確認，符合進場位置，進場放空做中期空頭。

資料來源：富邦e01電子交易系統

3. 當一檔股票空頭已經下跌過2波段，到相對的低檔位置，開始進入盤整時，這時可以鎖股追蹤觀察，等到大量長黑K線跌破時進場放空，但是要特別注意3天之內不可以出現反彈回到盤整區內，這容易是「假跌破、真上漲」。

4. 盤整末端出現「假跌破、真上漲」，如果出現大量上漲的中長紅K，往上突破盤整區，後續要大漲，可以反手做多（這個盤整區稱為底部）。

範例4：南亞日線

① 南亞（1303），空頭走勢下跌到低檔後盤整，等待盤整的跌破K線再進場做空。

② 2009/3/2，當天放量約為前一天的4倍大量。

③ 當天向下長黑K線實體棒，收盤跌破盤整下頸線。收盤前確認，符合進場位置，進場放空做中期空頭。

④ 連續反彈5天，2009/3/9紅K收盤突破進場長黑K線實體棒高點，同時也突破盤整上頸線，空單停損，反手做多，日後連續大漲。2009/3/2長黑K線為假跌破，2009/3/9紅K為真上漲。

資料來源：富邦e01電子交易系統

◗空頭放空位置2

空頭反彈沒有過前面高點，再下跌的中長黑K線。

簡單口訣 **彈後空下跌**

1. 黑K線如符合「價跌、線實」的訊號，放空成功下跌的機率
   很高。
   價跌：收盤價下跌，收盤價跌破前一天K線的最低點。
   線實：K線收中長黑K的實體棒（下跌2.5％以上）。
   成交量：大量或小量都可以。
2. 日線進場的K線訊號是操作短線的放空位置。
   週線進場的K線訊號是操作中長線的放空位置。
3. 反彈幅度越小就止漲下跌的股票越弱，越是要把握機會進場
   做空。
4. 當天如果是跳空下跌的中長黑K線，下跌力道越強，更要把
   握機會進場做空。
5. 放空後要設定停損，並且嚴格執行停損。

範例1：玉晶光日線

玉晶光(3406) 日線圖 2014/10/09 開 102.00 高 103.50 低 100.00 收 100.00 s 元 量 3856 張 -7.50 (-6.98%)

❶ 玉晶光（3406）2012/3/20，大量長黑K線跌破前面低點，空頭「頭頭低、底底低」確認。

❷ 2012/3/27，空頭反彈不過前高，大量長黑K線跌破前面低點，是進場做空的位置。

❸ 2012/4/17，空頭反彈不過前高，大量長黑K線跌破前面低點，是進場做空的位置。

資料來源：富邦e01電子交易系統

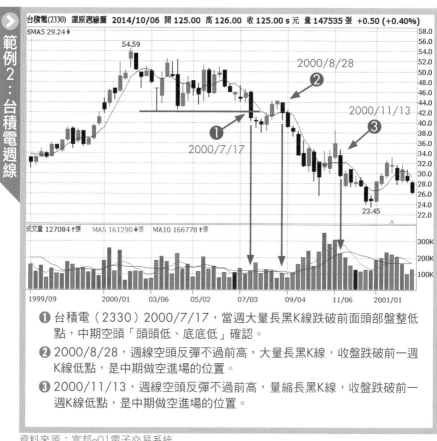

範例2：台積電週線

台積電(2330) 還原週線圖 2014/10/06 開 125.00 高 126.00 收 125.00 s 元 量 147535 張 +0.50 (+0.40%)

資料來源：富邦e01電子交易系統

❶ 台積電（2330）2000/7/17，當週大量長黑K線跌破前面頭部盤整低點，中期空頭「頭頭低、底底低」確認。

❷ 2000/8/28，週線空頭反彈不過前高，大量長黑K線，收盤跌破前一週K線低點，是中期做空進場的位置。

❸ 2000/11/13，週線空頭反彈不過前高，量縮長黑K線，收盤跌破前一週K線低點，是中期做空進場的位置。

◎空頭放空位置3

空頭中長黑K線下跌後，股價維持在K線下方橫盤，當再出現中長黑K線，收盤跌破橫盤最底點時，是放空的位置。

簡單口訣 | K線橫盤的跌破

1. 黑K線如符合「價跌、線實」的訊號，放空成功下跌的機率很高。

   價跌：收盤價下跌，收盤價跌破K線橫盤的最低點。

   線實：K線收中長黑K的實體棒（下跌2.5%以上）。

   成交量：大量或小量都可以。

2. 日線進場的K線訊號是操作短線的放空位置。

   週線進場的K線訊號是操作中長線的放空位置。

3. 跌破當天如果是跳空下跌的黑K線，代表股票越弱，更要把握機會放空做空。

4. 放空後要設定停損，並且嚴格執行停損。

範例1：晶電日線

❶ 晶電（2448）2011/6/20，當天出現大量長黑K線，放量約為前一天的1.5倍，收盤跌頭部破盤整低點，空頭「頭頭低、底底低」確認，是空頭放空位置。

❷ 大量長黑K線之後，在長黑K線下方橫盤13天，橫盤時量縮。

❸ 2011/7/8，當天出現大量長黑K線，收盤跌破13天K線橫盤，同時放量約為前一天的2倍，空頭繼續下跌，是空頭放空位置。

❹ 空頭下跌中，在缺口之下K線橫盤13天，橫盤時量縮。

❺ 2011/8/3，當天出現向下跳空的大量長黑K線，收盤跌破13天K線橫盤，同時放量約為前一天的3倍，空頭繼續下跌，是空頭放空位置。

資料來源：富邦e01電子交易系統

範例2：東貝日線

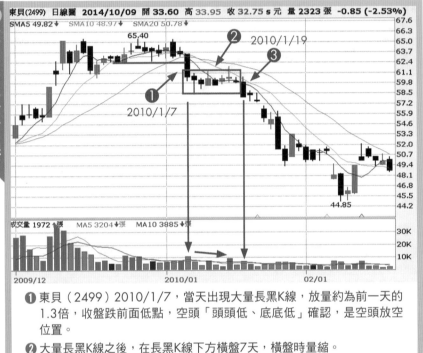

① 東貝（2499）2010/1/7，當天出現大量長黑K線，放量約為前一天的1.3倍，收盤跌前面低點，空頭「頭頭低、底底低」確認，是空頭放空位置。

② 大量長黑K線之後，在長黑K線下方橫盤7天，橫盤時量縮。

③ 2010/1/19，當天出現大量長黑K線，收盤跌破7天K線橫盤，同時放量約為前一天的1.7倍，空頭繼續下跌，是空頭放空位置。

資料來源：富邦e01電子交易系統

範例3：璨圓週線

璨圓(3061) 週線圖 2014/10/06 開 16.35 高 16.50 低 16.05 收 16.05 s 元 量 4229 張 -0.25 (-1.53%)

SMA5 18.20↑

47.80

2011/3/28 ❶

❷

❸

2011/6/20

16.30

成交量 51959↑張　MA6 21397↑張　MA12 21714↑張

2010/08　10/04　2011/01　03/01　04/06　06/07　08/01

❶ 璨圓（3061）2011/3/28，當週出現大量長黑K線，放量約為前一週的1.8倍，收盤跌前面低點，週線空頭「頭頭低、底底低」確認，是中期空頭放空位置。

❷ 連續下跌4週後，週K線橫盤7週，橫盤時量縮。

❸ 2011/6/20，當天出現放量長黑K線，收盤跌破7週K線橫盤，同時放量約為前一天的1.1倍，空頭繼續下跌，是中期空頭放空位置。

資料來源：富邦e01電子交易系統

175

◎空頭放空位置4

空頭向下跳空中長黑K線，股價維持在缺口下方整理，當出現整理末端的中長黑K線下跌時，是放空的位置。

| 簡單口訣 | 缺口之下等空點 |

1. 黑K線如符合「價跌、線實」的訊號，放空成功下跌的機率很高。

   價跌：收盤價下跌，收盤價跌破K線整理的最低點。

   線實：K線收中長黑K的實體棒（下跌2.5%以上）。

   成交量：大量或小量都可以。

2. 日線進場的K線訊號是操作短線的放空位置。

   週線進場的K線訊號是操作中長線的放空位置。

3. 當日下跌黑K線如果是再出現跳空下跌的K線，是主力強勢下殺，更要把握機會進場做空。

4. 放空後要設定停損，並且嚴格執行停損。

範
例
1
：
台
聚
日
線

❶ 台聚（1304）1995/4/15，長黑下跌下方橫盤6天，當天出現大量長黑K下跌，放量約為前一天的1.1倍，是空頭確認下跌，可以做空。

❷ 1995/5/5，下跌走勢中出現向下跳空缺口的放量長黑K線。

❸ 缺口之下橫向盤整15天，橫盤時量縮。

❹ 1995/5/24，當天收盤跌破15天橫盤低點，同時放量約為前一天的1.2倍，空頭繼續下跌，是空頭放空位置。

資料來源：富邦e01電子交易系統

範例2：亞聚日線

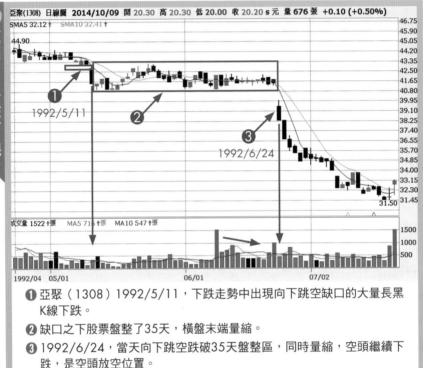

亞聚(1308) 日線圖 2014/10/09 開 20.30 高 20.30 低 20.00 收 20.20 s 元 量 676 張 +0.10 (+0.50%)

1992/5/11

1992/6/24

成交量 1522↑張　　MA5 716↑張　　MA10 547↑張

1992/04　05/01　　　　　　　06/01　　　　　　　07/02

❶ 亞聚（1308）1992/5/11，下跌走勢中出現向下跳空缺口的大量長黑K線下跌。

❷ 缺口之下股票盤整了35天，橫盤末端量縮。

❸ 1992/6/24，當天向下跳空跌破35天盤整區，同時量縮，空頭繼續下跌，是空頭放空位置。

資料來源：富邦e01電子交易系統

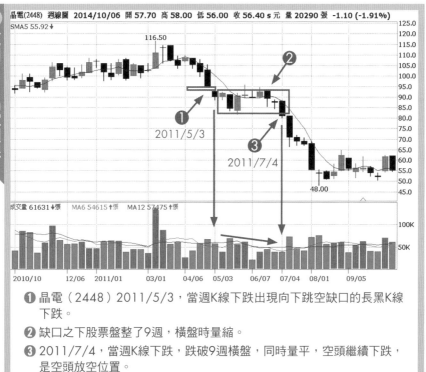

範例3：晶電週線

晶電(2448) 週線圖 2014/10/06 開 57.70 高 58.00 低 56.00 收 56.40 s 元 量 20290 張 -1.10 (-1.91%)
SMA5 55.92↓

116.50

②

①

2011/5/3

③

2011/7/4

48.00

成交量 61631↓張　MA6 54615↑張　MA12 57475↑張

2010/10　12/06　2011/01　03/01　04/06　05/03　06/07　07/04　08/01　09/05

❶ 晶電（2448）2011/5/3，當週K線下跌出現向下跳空缺口的長黑K線下跌。

❷ 缺口之下股票盤整了9週，橫盤時量縮。

❸ 2011/7/4，當週K線下跌，跌破9週橫盤，同時量平，空頭繼續下跌，是空頭放空位置。

資料來源：富邦e01電子交易系統

◉空頭放空位置5

空頭頭部型態,出現大量中長黑K線向下確認型態跌破時,是放空的位置。

| 簡單口訣 | 型態跌破的空點 |

1. 黑K線如符合「價跌、線實」的訊號,放空成功下跌的機率很高。

   價跌:收盤價下跌,收盤價跌破K線整理的最低點。

   線實:K線收中長黑K的實體棒(下跌2.5%以上)。

   成交量:大量或小量都可以。

2. 日線進場的K線訊號是操作短線的放空位置。

   週線進場的K線訊號是操作中長線的放空位置。

3. 型態跌破確認之後,可以參考型態下跌的目標價,預估獲利空間及操作的目標。不同型態,達到目標價機率不同。

4. 當天型態跌破確認下跌的黑K線,如果是跳空下跌的K線,下跌力道越強,更要把握機會進場做空。

5. 放空後要設定停損,並且嚴格執行停損。

6. 空頭頭部反轉成功率高的幾個型態:頭肩頂、複式頭肩頂、倒N字底、三重頂、一字頭(型態詳細說明參見《抓住飆股輕鬆賺》304頁附錄〈學會辨識型態 股市無往不利〉)

範例 1：奧斯特日線（頭肩頂型態）

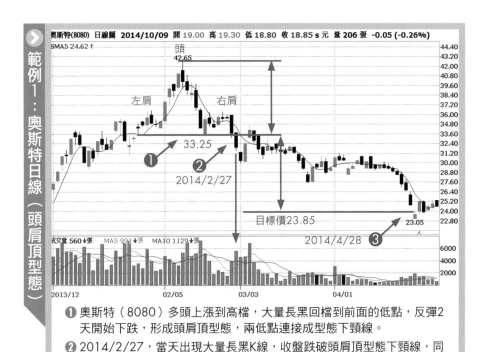

奧斯特(8080) 日線圖 **2014/10/09** 開 19.00 高 19.30 低 18.80 收 18.85 s 元 量 206 張 -0.05 (-0.26%)

SMA5 24.62↑

頭
42.65

左肩　　　右肩

❶　　33.25　　❷

2014/2/27

目標價23.85

2014/4/28 ❸　　23.05

成交量 560↓張　MA5 991↓張　MA10 1129↓張

2013/12　　02/05　　03/03　　04/01

❶ 奧斯特（8080）多頭上漲到高檔，大量長黑回檔到前面的低點，反彈2
天開始下跌，形成頭肩頂型態，兩低點連接成型態下頸線。

❷ 2014/2/27，當天出現大量長黑K線，收盤跌破頭肩頂型態下頸線，同
時放量約為前一天的1.37倍，型態確認，頭部空頭完成。

型態目標價位置33.25－（42.65－33.25）＝23.85。

❸ 2014/4/28，當天最高點到24，收盤23.55，達到目標價。

資料來源：富邦e01電子交易系統

範例2：亞聚週線（頭肩頂型態）

亞聚(1308) 週線圖 2014/10/06 開 20.75 高 20.90 低 20.00 收 20.20 s 元 量 2026 張 -0.55 (-2.65%)

❶ 亞聚（1308），多頭上漲到高檔，大量長黑回檔到前面的低點，反彈7週開始下跌，形成頭肩頂型態，兩低點連接成型態下頸線。

❷ 2000/4/24，當週出現大量長黑K線，收盤跌破頭肩頂型態下頸線，同時量縮，型態確認，頭部空頭完成。

型態目標價位置30.8－（59－30.8）＝2.6。

❸ 2000/12/11，當天最低點9.3，未達到目標價。

資料來源：富邦e01電子交易系統

範例３：聯電日線（複式頭肩頂型態）

❶ 聯電（2303）多頭上漲到高檔，大量長黑回檔到前面的低點附近，反彈盤整呈現2個高點的右肩開始下跌，形成複式頭肩頂型態，兩低點連接成型態下頸線。

❷ 1998/4/9，當天出現大量長黑K線，收盤跌破複式頭肩頂型態下頸線，型態確認，頭部空頭完成。

型態目標價位置76－（95－73.45）＝51.9。

❸ 1998/6/2，當天最高點到55，收盤52，達到目標價。

資料來源：富邦e01電子交易系統

範例4：台嘉碩週線（複式頭肩頂型態）

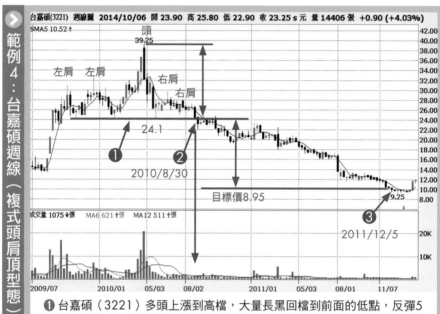

① 台嘉碩（3221）多頭上漲到高檔，大量長黑回檔到前面的低點，反彈5週開始盤整，形成複式頭肩頂型態，兩低點連接成型態下頸線。

② 2010/8/30，當週出現量縮長黑K線，收盤跌破複式頭肩頂型態下頸線，型態確認，頭部空頭完成。

型態目標價位置24.1－（39.25－24.1）＝8.95。

③ 2011/12/5，當天最低點9.5，收盤9.99，達目標價。

資料來源：富邦e01電子交易系統

範例5：亞聚日線（倒Z字型態）

❶ 亞聚（1308）多頭上漲到高檔，爆大量十字變盤線，次日長黑回檔到前面的低點，再反彈到下跌幅度的二分之一處，出現大量十字變盤線，高點146元。

❷ 1989/11/15，當天出現量縮長黑K線下跌，收盤跌破大量十字變盤線的最低點，形成倒N字型態，當天可以試空單。

　型態目標價位置146－（162－128）＝112。

❸ 1989/11/28，當天黑K下跌，達到目標價。

資料來源：富邦e01電子交易系統

範例6：振曜週線（倒N字型態）

❶ 振曜（6143）多頭上漲到高檔，大量長紅K線，次週2007/8/6出現長黑K回檔到84.9低點，再反彈不到下跌幅度的二分之一處，出現大量黑K線，高點108.5元。

❷ 2007/10/8，當週出現量縮長黑K線下跌，收盤跌破前一週大量黑K線的最低點，形成倒N字型態，當週可以試空單。

型態目標價位置108.5－（139－84.9）＝54.4。

❸ 2007/11/5，當週黑K下跌，達到目標價。

資料來源：富邦e01電子交易系統

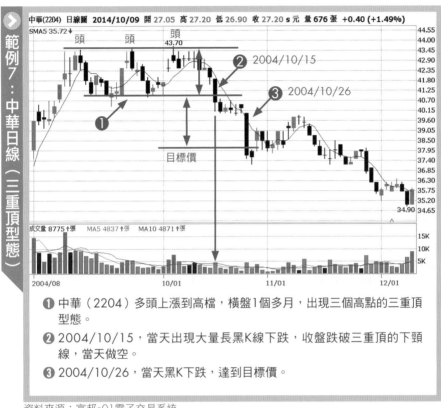

範例7：中華日線（三重頂型態）

中華(2204) 日線圖 2014/10/09 開 27.05 高 27.20 低 26.90 收 27.20 s 元 量 676 張 +0.40 (+1.49%)

SMA5 35.72

頭　頭　頭 43.70

❷ 2004/10/15

❸ 2004/10/26

❶

目標價

成交量 8775 張　MA5 4837 張　MA10 4871 張

資料來源：富邦e01電子交易系統

❶ 中華（2204）多頭上漲到高檔，橫盤1個多月，出現三個高點的三重頂型態。

❷ 2004/10/15，當天出現大量長黑K線下跌，收盤跌破三重頂的下頸線，當天做空。

❸ 2004/10/26，當天黑K下跌，達到目標價。

範例8：晶技週線（三重頂型態）

❶ 晶技（3042）多頭上漲到高檔，橫盤10個月，陸續出現4個高點的三重頂型態。

❷ 2011/6/13，當週出現大量長黑K線下跌，收盤跌破三重頂的下頸線，當週做空。

❸ 2011/8/1，當週黑K下跌，達到目標價。

資料來源：富邦e01電子交易系統

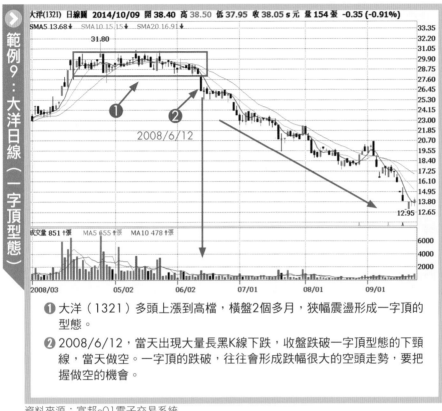

範例9：大洋日線（一字頂型態）

❶ 大洋（1321）多頭上漲到高檔，橫盤2個多月，狹幅震盪形成一字頂的型態。

❷ 2008/6/12，當天出現大量長黑K線下跌，收盤跌破一字頂型態的下頸線，當天做空。一字頂的跌破，往往會形成跌幅很大的空頭走勢，要把握做空的機會。

資料來源：富邦e01電子交易系統

範例10：佳必琪日線（一字頂型態）

❶ 佳必琪（6197）多頭上漲到高檔，橫盤1個月，狹幅震盪形成一字頂的型態。

❷ 2010/10/21，當天出現大量長黑K線下跌，收盤跌破一字頂型態的下頸線，當天做空。一字頂的跌破，往往會形成跌幅很大的空頭走勢，要把握做空的機會。

❸ 2010/11/5，當天出現大量長紅吞噬的K線，是止跌反彈的訊號，空單要回補。

資料來源：富邦e01電子交易系統

◎空頭放空位置6

空頭下面的圖型，可以在當天收盤或次日開盤放空。做隔日沖或當日沖，賺取下跌的價差。

1. 抓住次日開盤或當天收盤的機會放空，賺取下跌的價差。
2. 以日線K線轉折或是續跌的訊號，做為放空的位置，與基本面無關。
3. 次日或當天走勢很弱，可以看趨勢、價量配合及位置再留單一天。
4. 次日或當天走勢不理想，沒有價差就回補，因此沒有大賠的風險。
5. 屬於超短線操作，獲利不大，要以量取勝。

操作紀律：

1. 選擇符合條件的強勢空頭股票做空，或多頭急漲的股票搶回檔做空。
2. 盤中可以用5分K走勢圖操作。
3. 此法獲利小，要以量取勝，資金要集中在1～2檔。不宜同時做太多檔股票，以免盤中無法照顧。
4. 操作必須看盤，並且嚴守停損及停利紀律。

情況1 空頭反彈到重要壓力，出現止漲的變盤線，隔日跳空開低盤進場做空。重要壓力：月線、季線、大量缺口、大量長黑K線、盤整跌破的下頸線。

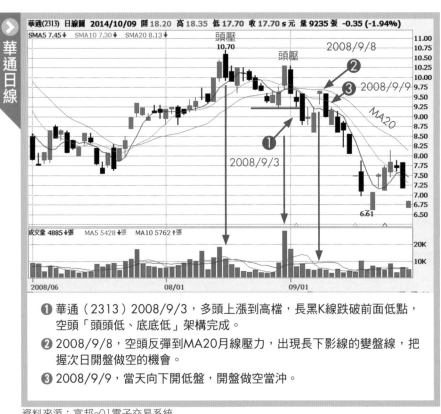

資料來源：富邦e01電子交易系統

❶ 華通（2313）2008/9/3，多頭上漲到高檔，長黑K線跌破前面低點，空頭「頭頭低、底底低」架構完成。

❷ 2008/9/8，空頭反彈到MA20月線壓力，出現長下影線的變盤線，把握次日開盤做空的機會。

❸ 2008/9/9，當天向下開低盤，開盤做空當沖。

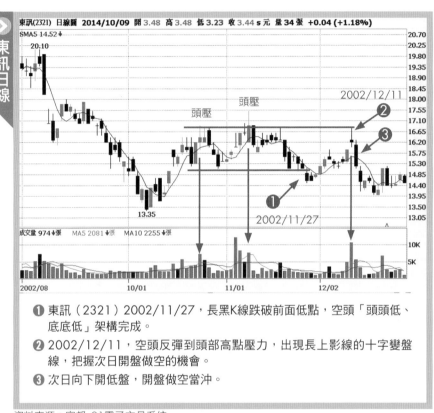

東訊(2321) 日線圖 2014/10/09 開 3.48 高 3.48 低 3.23 收 3.44 s 元 量 34 張 +0.04 (+1.18%)

東訊日線

2002/12/11

頭壓

頭壓

2002/11/27

❶ 東訊（2321）2002/11/27，長黑K線跌破前面低點，空頭「頭頭低、底底低」架構完成。

❷ 2002/12/11，空頭反彈到頭部高點壓力，出現長上影線的十字變盤線，把握次日開盤做空的機會。

❸ 次日向下開低盤，開盤做空當沖。

資料來源：富邦e01電子交易系統

情況2 空頭向下跳空跌破支撐，或向下跳空跌破盤整，當天開盤跳空做空。

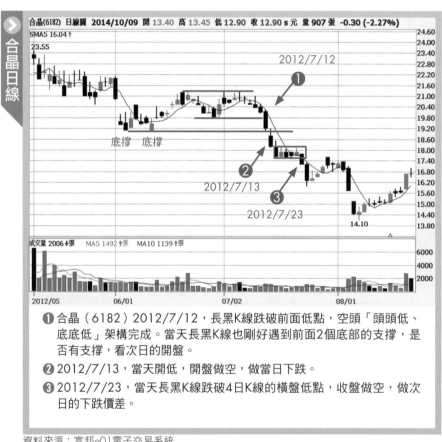

合晶（6182）2012/7/12，長黑K線跌破前面低點，空頭「頭頭低、底底低」架構完成。當天長黑K線也剛好遇到前面2個底部的支撐，是否有支撐，看次日的開盤。

❷ 2012/7/13，當天開低，開盤做空，做當日下跌。

❸ 2012/7/23，當天長黑K線跌破4日K線的橫盤低點，收盤做空，做次日的下跌價差。

資料來源：富邦e01電子交易系統

晶豪科日線

晶豪科(3006) 日線圖 2014/10/09 開 48.80 高 49.00 低 46.65 收 47.00 s 元 量 5731 張 -1.20 (-2.49%)

SMA5 32.90 ＝

48.00

❶

❷

2013/7/4

30.75

成交量 2176↓張   MA5 3782↓張   MA10 4603↓張

2013/05   06/03   07/01   08/01

❶ 晶豪科（3006）空頭下跌進入盤整區，盤整時量縮。

❷ 2013/7/4，當天開低跌破盤整的下頸線，開盤時做空，做當日下跌的價差。

資料來源：富邦e01電子交易系統

情況3 大量破低長黑，當天收盤放空，做次日下跌價差。

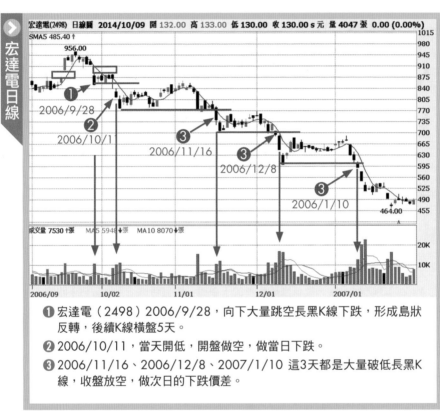

宏達電日線

① 宏達電（2498）2006/9/28，向下大量跳空長黑K線下跌，形成島狀反轉，後續K線橫盤5天。

② 2006/10/11，當天開低，開盤做空，做當日下跌。

③ 2006/11/16、2006/12/8、2007/1/10 這3天都是大量破低長黑K線，收盤放空，做次日的下跌價差。

資料來源：富邦e01電子交易系統

情況4 多頭高檔大量長紅K上漲，次日出現大量長黑K線，收盤跌破昨日大量長紅K低點（長黑吞噬），大量長黑K線收盤放空，做隔日沖（做次日下跌價差）。

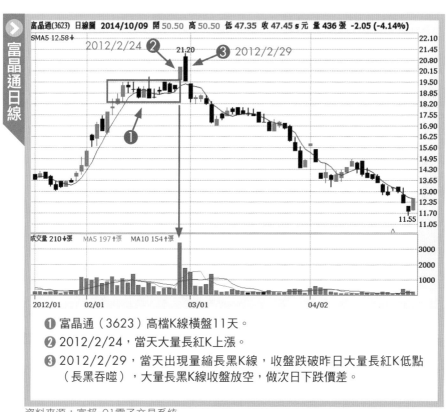

❶ 富晶通（3623）高檔K線橫盤11天。

❷ 2012/2/24，當天大量長紅K上漲。

❸ 2012/2/29，當天出現量縮長黑K線，收盤跌破昨日大量長紅K低點（長黑吞噬），大量長黑K線收盤放空，做次日下跌價差。

資料來源：富邦e01電子交易系統

情況5 多頭急漲,大量紅K線之後出現止漲變盤線訊號,次日向下跳空開盤,開盤時放空,做當日回檔下跌價差。

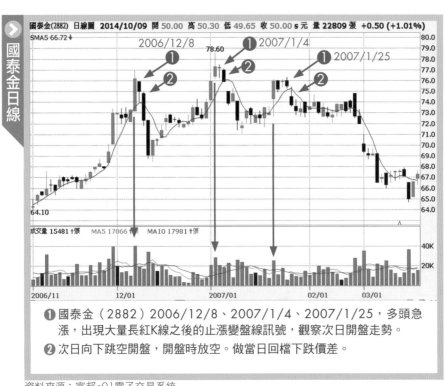

① 國泰金(2882)2006/12/8、2007/1/4、2007/1/25,多頭急漲,出現大量長紅K線之後的止漲變盤線訊號,觀察次日開盤走勢。

② 次日向下跳空開盤,開盤時放空。做當日回檔下跌價差。

資料來源:富邦e01電子交易系統

Note

步驟3
停損

股市是高風險的投資市場，散戶總是賠大賺小，賠大的原因是無法徹底執行停損，而遭套牢。只要預先設好停損，並嚴格執行，至少不會造成更大的損失。學會停損賠小錢，保住資金，就有機會再把錢賺回來。

第1章

> 為什麼要停損？

即使是股神巴菲特，在上次全球金融風暴中，他的波克夏公司仍虧損了17億美元。因此，散戶投資股市前要有認知，股市是高風險的投資市場，想要成為長期贏家，一定要先學會停損賠錢的功夫。換句話說，執行停損，是股市操作必備的能力。

散戶賠大錢的最重要原因就是不肯賠小錢，做多進場後，如果走勢下跌，往往都抱著期望，希望股價能夠止跌回升。這樣的期望不切實際，經常事與願違，結果最後多被套牢，或者大賠出場。

> 停損避開大災難

股市操作不可能百分之百成功，我們看2011年的股王宏達電（2498），即使買在最高點1300元，如果嚴守1275元的停損紀律，於第2天的大跌收盤1210元停損出場，只損失90元，賠了6.9%。

如果抱牢期望回本再解套，後來一路下跌，最低到2014年的118元，下跌91%，損失可謂慘重。

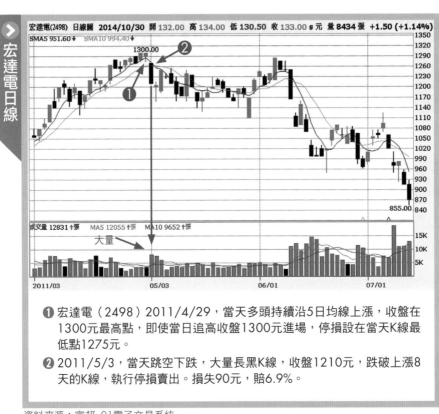

宏達電日線

❶ 宏達電（2498）2011/4/29，當天多頭持續沿5日均線上漲，收盤在1300元最高點，即使當日追高收盤1300元進場，停損設在當天K線最低點1275元。

❷ 2011/5/3，當天跳空下跌，大量長黑K線，收盤1210元，跌破上漲8天的K線，執行停損賣出。損失90元，賠6.9%。

資料來源：富邦e01電子交易系統

我們再看2014年10月爆發黑心油事件的味全（1201），在
2014/7/21當天，多頭回檔後放量上漲的紅K線，收盤突破前
3天K線高點，是做多的買進位置。

如果收盤48.95元買進，停損設在當天K線最低點48.10元，
次日跌破馬上停損出場。日後已走成空頭趨勢，自然不可能去
做多這支股票。

現在回頭去看，如果當初沒有停損，事件發生後一直跌到
21.95元才止跌反彈，損失將會相當慘重。

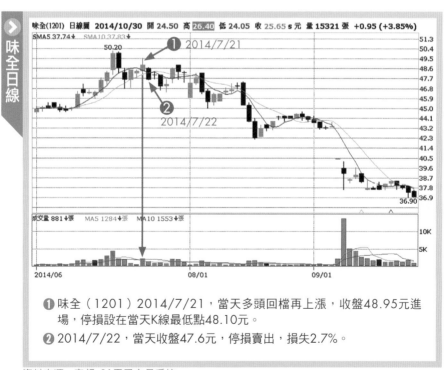

❶ 味全（1201）2014/7/21，當天多頭回檔再上漲，收盤48.95元進
　場，停損設在當天K線最低點48.10元。

❷ 2014/7/22，當天收盤47.6元，停損賣出，損失2.7%。

資料來源：富邦e01電子交易系統

❯該賠就賠 賠就是賺

　　如果嚴格執行停損，正常情形下，損失大約7%，能將風險控制在這個範圍，我們可保有93%的本金，等待好機會，選擇強勢的好股票（不一定是原來賠錢的那檔），只要能獲利7.5%以上，就可以反敗為勝。

　　反之，如果不停損，像宏達電、味全那樣造成巨大損失，之後就很難回本了。因此我說「該賠就賠、賠就是賺」——停損是該賠的，停損後避開的大跌，就是賺。停損後保留資金，才有反敗為勝的機會，想一想，是不是很有道理？

設定停損的認知

學習在買進股票後設定停損的方法之前，投資人要先有下面幾項認知：

認知1

買進一檔股票之後，立刻想好認賠出場的價位，即是設定「停損點」。股票千變萬化，而且變化快速，如果買進當天沒有設停損，很可能第二天就會出現反轉，這樣就會影響到你執行停損的決心。

認知2

設定好停損價位後不得更改，否則等於沒有設停損。散戶經常設了停損，可是跌破停損時，總是找理由不執行，或者更改停損價位，例如設跌破5日均線要停損，可是跌破後，捨不得賠錢賣，心想等真的跌破10日均線再出場好了。這種心態往往

會造成跌破10日均線時，因為已賠更多，而更捨不得賠錢賣，因此就被套牢。

認知3 ▶

嚴格要求自己，當天收盤價如果做多跌破（或放空突破）停損價位，要立即出場，必須絕對遵守，有壯士斷腕的決心及執行力。

認知4 ▶

為了減少停損次數，以順勢交易為主要操作方向，也就是多頭時做多，不做空；空頭時做空，不做多。遵循本書〈步驟1：選股〉的條件及〈步驟2：進場〉的位置，更能提高勝率，減少停損機率。

認知5 ▶

在下面的情形，即使沒有到達停損，也要出場，否則容易多賠或產生重大賠損：順勢操作時，無論做多或做空，如進場沒多久就發生趨勢改變，要立刻出場，否則等到停損時會賠的比較多（見右頁「陽程日線圖」）。逆勢交易時，只要走勢不對，就必須立刻出場，不可拘泥在停損價位，否則套牢無法解套，會損失慘重，切記！切記！（見P. 208「力旺日線圖」）

認知6 ▶

停損最多10%，一檔股票，如果進場前，充分研判，符合進

場條件進場才買進，結果走勢卻發生背道而馳，基本上已經不能去奢望它會大漲，所以要停損出場，同時不能超過10%的停損，否則損失過大，日後難以反敗為勝。更不可向下攤平，造成越攤損失越大，不可收拾的後果。

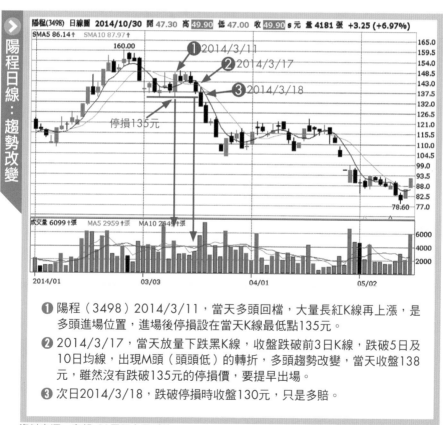

陽程日線：趨勢改變

❶ 陽程（3498）2014/3/11，當天多頭回檔，大量長紅K線再上漲，是多頭進場位置，進場後停損設在當天K線最低點135元。

❷ 2014/3/17，當天放量下跌黑K線，收盤跌破前3日K線，跌破5日及10日均線，出現M頭（頭頭低）的轉折，多頭趨勢改變，當天收盤138元，雖然沒有跌破135元的停損價，要提早出場。

❸ 次日2014/3/18，跌破停損時收盤130元，只是多賠。

資料來源：富邦e01電子交易系統

❶ 力旺（3529）2012/4/6、2012/5/2、2012/5/29空頭反彈，大量長紅K線再上漲，是搶反彈進場位置，進場後停損設在當天K線最低點。但這是逆勢操作，只要出現不漲下跌的轉折黑K線，就要立刻出場，不可等跌破停損。

❷ 2012/4/16、2012/5/9、2012/6/1下跌黑K線，收盤跌破前一日K線，雖然沒有跌破進場的停損價，要提早出場。因為還是空頭趨勢，股價會一直破新低價。

資料來源：富邦e01電子交易系統

第3章

▶ 設定停損4方法

設定停損有4種方法：進場K線高低點、趨勢轉折高低點、均線停損法、固定停損比例法，以下將搭配範例詳細說明。

▶方法1：進場K線高低點

以進場K線高低點設定停損，可分為進場做多停損和進場做空停損。

進場做多停損：守進場紅K線的最低點（含下影線）

1. 進場紅K線若小於2.5%，停損可以由紅K線的最低點再向下放寬2碼，否則停損太小，容易被主力洗盤而賣出。例如停損紅K線的最低點是62元，向下放寬2碼是61.8元。紅K線的最低點是105元，向下放寬2碼是104元。

2. 進場位置在走勢波段高檔，出現放大量的長紅K線（漲幅大於4.5%），停損可以改在長紅K線的二分之一位置（長紅K線

股價每碼跳動值	
股價範圍	每1碼跳動值
1~10元	0.01元
11~50元	0.05元
51~100元	0.1元
101~500元	0.5元
501~1000元	1.0元
1001元以上	5.0元

的（最高點－最低點）÷2）。高檔大量長紅K線，主力容易出貨，風險比較高，所以停損要嚴，同時，大量長紅K線的二分之一位置被跌破，表示多頭轉弱，空方力道轉強。

3. 進場位置在走勢波段高檔的盤整，出現放大量的長紅K線（漲幅大於4.5%）突破，停損也要改在長紅K線的二分之一位置。高檔大量長紅K線突破盤整，要預防假突破的情形。

大立光日線：多頭進場停損

❶ 大立光（3008）2014/2/21，當天大量長紅K線，突破盤整，是多頭買進位置，收盤1245元買進，停損設在紅K線最低點1210元。次兩日下跌，沒有跌破進場的停損價，持續抱單守停損。

❷ 2014/3/26，當天大量長紅K線，是多頭回檔後再上漲的買進位置，收盤1420元買進，停損設在紅K線最低點1375元。

❸ 2014/4/22，當天大量長紅K線，是多頭回檔後再上漲的買進位置，收盤1715元買進，停損設在紅K線最低點1620元。

資料來源：富邦e01電子交易系統

宏達電日線：多頭進場停損

❶ 宏達電（2498）2007/5/2，當天大量長紅K線，突破盤整，是多頭買進位置，收盤523元買進，停損設在紅K線最低點505元。

❷ 2007/5/18，當天大量紅K線，是多頭回檔後再上漲的買進位置，收盤556元買進，停損設在紅K線最低點544元。

❸ 2007/6/22，當天大量長紅K線，是多頭回檔後再上漲的買進位置，收盤656元買進，由於進場位置在高檔，同時當天出現近日來的最大量，停損設在長紅K線的二分之一位置639.5元，這個位置被跌破，表示多空力道改變。

資料來源：富邦e01電子交易系統

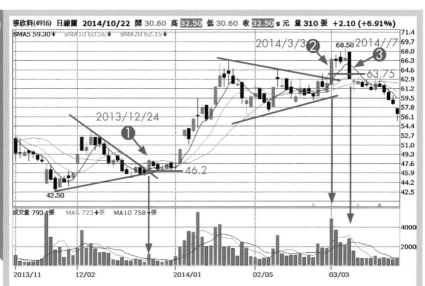

事欣科日線：多頭進場停損

1. 事欣科（4916）2013/12/24，當天大量長紅K線，突破盤整，是多頭買進位置，收盤48.1元買進，停損設在紅K線最低點46.2元。後續6天都沒有跌破停損，持股續抱。

2. 2014/3/3，當天大量長紅K線，突破盤整，是多頭買進位置，收盤66.5元買進，由於進場位置在高檔，同時當天出現近日來的最大量，停損設在長紅K線的二分之一位置63.75元，這個位置被跌破，表示多空力道改變。

3. 2014/3/7，當天大量長黑K線，跌破停損價，多單出場，避開了後來反轉成空頭的下跌風險。

資料來源：富邦e01電子交易系統

213

進場做空停損：守進場黑K線的最高點（含上影線）。

1. 進場黑K線若下跌小於2.5%，停損可以由黑K線的最高點，再向上放寬2碼，否則停損太小，容易被反彈而出場。例如停損黑K線的最高點是62元，向上放寬2碼是62.2元。黑K線的最高點是105元，向上放寬2碼是106元。

2. 進場位置在走勢波段低檔，出現放大量的長黑K線（跌幅大於4.5%），停損可以改在長黑K線的二分之一位置（長黑K線的（最高點－最低點）÷2）。出現低檔大量黑K線，容易反彈打底，風險比較高，所以停損要嚴，同時，大量長黑K線的二分之一位置被上漲紅K線突破，表示多方力道轉強。

3. 進場位置在走勢波段低檔的盤整跌破，出現放大量的長黑K線（跌幅大於4.5%），停損也改在長黑K線的二分之一位置。低檔大量長黑K線跌破盤整，要預防假跌破的情形。

冠德日線：空頭進場停損

❶ 冠德（2520）2013/12/24，當天大量長黑K線，跌破前面低點，空頭「頭頭低、底底低」確認，當天是空頭放空位置，收盤31.25元放空，停損設在黑K線最高點32.8元。

❷ 2011/1/24，當天黑K線，跌破反彈時前一日K線最低點，是空頭放空位置，收盤28.8元放空，由於當天跌幅只有1%，停損設在當天K線高點太少，這時停損可以往上移到反彈的高點29.5元。

❸ 2011/2/22，當天黑K線，跌破反彈時前一日K線最低點，是空頭放空位置，收盤26.7元放空，停損設在黑K線最高點27.3元。

資料來源：富邦e01電子交易系統

亞光日線：空頭進場停損

① 亞光（3019）2006/1/11，當天大量長黑K線，跌破前面低點，空頭「頭頭低、底底低」確認，當天是空頭放空位置，收盤214元放空，停損設在黑K線最高點220元。

② 2006/1/9，當天黑K線，跌破反彈時前一日K線最低點，是空頭放空位置，收盤201.5元放空，停損設在黑K線最高點209.8元。

③ 2006/3/10，當天大量黑K線，跌破盤整K線最低點，是空頭放空位置，收盤136.5元放空，由於空頭下跌到低檔，出現大量長黑K線，停損設在長黑K線二分之一位置139.5元。

資料來源：富邦e01電子交易系統

◎方法2：趨勢轉折高低點

當趨勢在行進的時候，每次出現轉折的高點或低點，都是後續走勢的重要壓力與支撐，為趨勢是否改變的重要依據，因此，趨勢出現轉折高點或低點，可做為停損的依據。

多頭趨勢轉折低點停損

1. 多頭出現轉折上漲之後，這個轉折低點不可被跌破，如果被跌破，走勢就會產生「底底低」的狀況，並破壞多頭的「頭頭高、底底高」架構，這樣自然不適合再做多，進場的多單要出場，因此可在轉折低點設停損。進場紅K線收盤價與停損點超過7%，停損設7%即可。

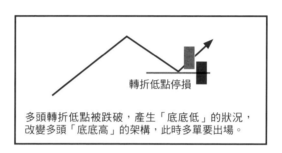

轉折低點停損

多頭轉折低點被跌破，產生「底底低」的狀況，
改變多頭「底底高」的架構，此時多單要出場。

2. 進場紅K線收盤突破盤整，停損設在突破盤整紅K線的最低點（含下影線），跌破停損多單停損，如果繼續跌破盤整區下頸線，即為「假突破真下跌」，此時反手做空。

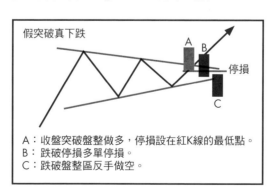

假突破真下跌

A
B

停損

C

A：收盤突破盤整做多，停損設在紅K線的最低點。
B：跌破停損多單停損。
C：跌破盤整區反手做空。

新巨日線：多頭進場停損

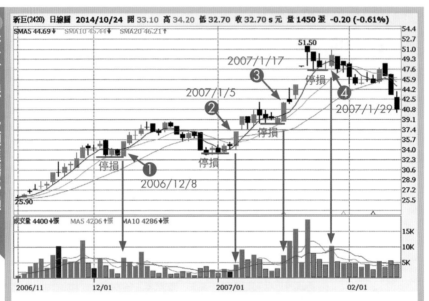

❶ 新巨（2420）2006/12/8，當天大量長紅K線，多頭回檔後，突破前2日K線高點，是多頭進場位置，停損設在轉折K線最低點。

❷ 2007/1/5，當天大量長紅K線，多頭回檔後，突破前5日K線高點，是多頭進場位置，停損設在轉折K線最低點。

❸ 2007/1/17，當天大量長紅K線，多頭回檔後，突破前3日K線高點，是多頭進場位置，停損設在轉折K線最低點。

❹ 2007/1/29，當天大量長紅K線，多頭回檔後，突破前1日K線高點，是多頭進場位置，停損設在轉折K線最低點。

資料來源：富邦e01電子交易系統

國喬日線：盤整進場停損

資料來源：富邦e01電子交易系統

❶ 國喬（1312）2000/6/26，當天大量向上跳空紅K線，突破盤整上頸線，是多頭進場位置，停損設在進場紅K線最低點。

❷ 2000/6/27，當天長黑K線，跌破停損，多單停損出場。

❸ 2000/6/29，當天量縮長黑K線，跌破盤整下頸線，是做空位置，空頭放空，出現「假突破真下跌」。

空頭趨勢轉折高點停損

1. 空頭出現轉折下跌之後，這個轉折高點不可被突破，如果被突破，走勢就產生「頭頭高」的狀況，而破壞空頭的「頭頭低、底底低」架構，這樣自然不適合再做空，進場的空單要回補，因此可在轉折高點設停損。放空黑K線收盤價與停損點超過7%，停損設7%即可。

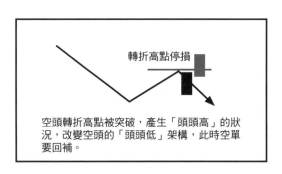

轉折高點停損

空頭轉折高點被突破，產生「頭頭高」的狀況，改變空頭的「頭頭低」架構，此時空單要回補。

2. 進場黑K線收盤跌破盤整，停損設在跌破盤整黑K線的最高點（含上影線），突破停損空單回補，如果繼續突破盤整區上頸線，即為「假跌破真上漲」，此時反手做多。

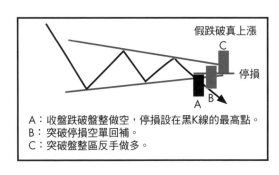

假跌破真上漲

停損

A：收盤跌破盤整做空，停損設在黑K線的最高點。
B：突破停損空單回補。
C：突破盤整區反手做多。

國喬日線：空頭進場停損

● 國喬（1312）1996/10/4，當天下跌反彈後，大量長黑K線，跌破前2 日K線低點，是空頭放空位置，停損設在轉折K線最高點。

❷ 1996/10/15，當天下跌反彈後，大量長黑K線，跌破前2日K線低點， 是空頭放空位置，停損設在轉折K線最高點。

❸ 1996/11/15，當天下跌反彈後，大量長黑K線，跌破前2日線低點， 是空頭放空位置，停損設在轉折K線最高點。

資料來源：富邦e01電子交易系統

日勝生日線：盤整跌破停損

❶ 日勝生（2547）2006/9/15，當天大量向下跳空紅K線，跌破盤整下頸線，是空頭放空位置，停損設在進場K線最高點。

❷ 2006/9/18，當天紅K線，收盤突破停損，空單停損出場。

❸ 2006/9/27，當天大量長紅K線，收盤突破盤整上頸線，是做多位置，進場多單，出現「假跌破真上漲」。

資料來源：富邦e01電子交易系統

❷ 方法3：均線停損法

利用均線當進出依據時，進場之後也以均線設定停損。

多頭趨勢做多用均線停損

例如以10日均線操作：多頭趨勢不變，回檔止跌回升沒有跌

破前面低點，上漲大量中長紅K線收盤突破10日均線，均線上揚時多單買進，停損守進場當日的10日均線。

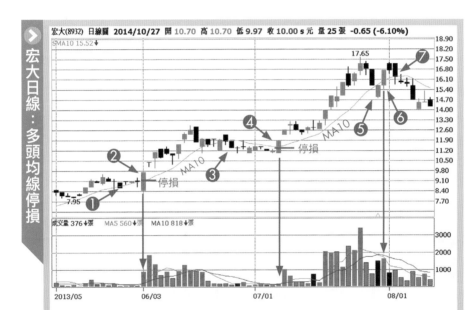

宏大日線：多頭均線停損

資料來源：富邦e01電子交易系統

❶ 宏大（8932），多頭回檔黑K線，收盤跌破MA10，當天多單出場。

❷ 多頭大量長紅K線，收盤站上MA10，當天做多進場，停損嚴守MA10均線。

❸ 多頭回檔黑K線，收盤跌破MA10，當天多單出場。

❹ 多頭長紅K線，收盤站上MA10，當天做多進場。停損守MA10均線。

❺ 多頭回檔紅K線，收盤跌破MA10，當天多單出場。

❻ 多頭大量長紅K線，收盤站上MA10，當天做多進場，停損嚴守MA10均線。

❼ 多頭回檔長黑K線，收盤跌破MA10及前一日K線低點，出現「頭頭低」，多頭趨勢改變，當天多單出場。

空頭趨勢做空用均線停損

例如以10日均線操作：空頭趨勢不變，反彈結束沒有突破前面高點，再下跌的中長黑K線收盤跌破10日均線，均線下彎時進場放空，停損守進場當日的10日均線。

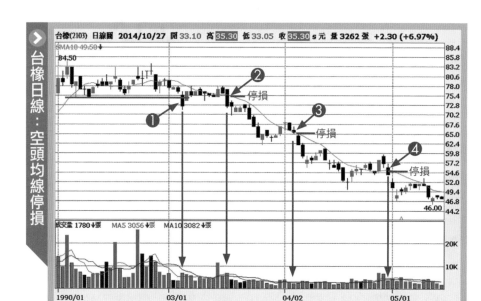

台橡日線：空頭均線停損

❶ 台橡（2103），大量長黑K線，收盤跌破盤整頭部，空頭趨勢確認。

❷ 空頭反彈後大量長黑K線，收盤跌破MA10，當天做空進場，停損守MA10均線。

❸ 空頭反彈後下跌黑K線，收盤跌破MA10，當天做空進場，停損守MA10均線。

❹ 空頭反彈後下跌黑K線，收盤跌破MA10，當天做空進場，停損守MA10均線。

資料來源：富邦e01電子交易系統

◎方法4：固定停損比例法

　　按照多空紀律進場後，依據風險容忍程度，設定固定比例停損，不失為簡單的方法。只是如果設太少，容易在次一、二日被洗出場；停損如超過10%，一次的賠損太大，容易因不願賠，反而不停損，以致被套牢。固定比例停損的原則如下：

原則1 ▶

以進場當天收盤價的2%～10%設定停損。

原則2 ▶

在底部盤整區突破或第一次回測再上漲的位置，或頭部跌破及第一次反彈再下跌的位置，停損設10%，由於股價在相對低檔打底初漲時或做頭初跌時，主力經常會洗盤消化賣壓，或誘多出貨，震盪幅度比較大。切記，在守10%停損時，趨勢不可改變，趨勢如果改變就要出場，否則只是多賠而已。

原則3 ▶

在一般多頭上漲或空頭下跌，固定停損設5%～7%即可。

原則4 ▶

在多頭高檔末升段或空頭下跌末跌段時，遇到大量長紅K線或大量長黑K線進場時，停損設2%～3.5%。

原則5 ▶

逆勢搶反彈做多或逆勢搶回檔做空，停損設2%。

第4章

▶ 絕對停損的時機

當走勢明顯出現與操作相反的方向時，無論如何都要出場的位置，稱為絕對停損點。遇到以下的情況，務必絕對停損。

情況1 ▷

做多進場，走勢變成空頭確認的位置，要「絕對停損」賣出多單，結束做多。

情況2 ▷

做空進場，走勢變成多頭確認的位置，要「絕對停損」回補空單，結束做空。

情況3 ▷

盤整向上突破做多，走勢變成盤整跌破，要「絕對停損」賣出多單，結束做多。

台苯日線：做多絕對停損

資料來源：富邦e01電子交易系統

❶ 台苯（1310），多頭回檔，大量長紅K線，收盤突破7天K線，是多頭
進場位置，停損設在進場長紅K線最低點。

❷ 下跌長黑K線，收盤跌破前一日K線低點，出現「頭頭低」，多頭趨勢
改變，多單第一個出場位置。

❸ 下跌長黑K線，收盤跌破進場長紅K線低點停損點，多單第二個停損出
場位置。

❹ 下跌長黑K線，收盤跌破前面轉折低點，空頭趨勢確認，此位置為多單
「絕對停損點」，多單一定要出場，否則趨勢已經走空，再下跌會被套
牢，而造成大賠。

227

情況4 ▶

盤整向下跌破做空，走勢變成盤整突破，要「絕對停損」回補空單，結束做空。

情況5 ▶

逆勢做多，收盤跌破做多的上漲紅K線，要「絕對停損」賣出多單，結束做多。

情況6 ▶

逆勢做空，收盤突破做空的下跌黑K線，要「絕對停損」回補空單，結束做空。

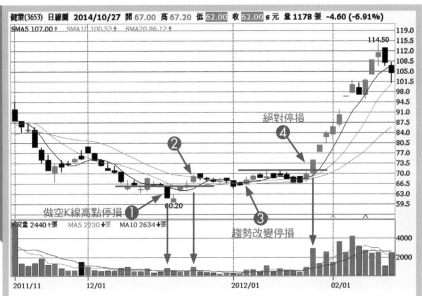

健策日線：做空絕對停損

資料來源：富邦e01電子交易系統

❶ 健策（3653），空頭大量長黑K線下跌，收盤突破6天K線橫盤，是做空位置，停損設在進場長黑紅K線最高點。

❷ 跳空大量紅K線，收盤突破進場長黑K線的高點停損點，空單停損回補位置。

❸ 紅K線，收盤突破前一天K線點，空頭趨勢改變，此位置為空單趨勢改變回補位置。

❹ 大量長紅K線，突破底部盤整高點，多頭趨勢確認，此處為「絕對停損點」，空單一定要出場，否則趨勢已經走多，再上漲空單被套牢，就會造成軋空大賠。

步驟4

操作

不同的投資人，同時間買進同一檔股票，有人小賺出場，有人大賺才出場，有人甚至做到賠錢出場，其中的差別就是操作不同。操作有兩個層面：技術面和心理面，技術面講方法，心理面講紀律，兩者兼顧，才能操作好股票。

第1章 ▶ 做長線 vs 做短線

第2章 ▶ 長線趨勢操作法

第3章 ▶ 短線轉折操作法

第4章 ▶ 長線均線操作法

第5章 ▶ 短線K線及均線操作法

第6章 ▶ 長短線綜合操作法：趨勢＋均線＋乖離

第7章 ▶ 如何提高操作勝率？

第1章

> 做長線 vs 做短線

再好的股票，不會操作，一樣賺不到錢。操作方法大致可區分為做長線及做短線兩種，至於做長線好，還是做短線好，那就因人而異了，因為每個人有不同的資金、不同的工作環境、不同的個性，採取適合自己的做法，就是好方法。

> 操作的基本條件

選股、進場之後，就要開始操作，操作的目的是為了賺錢。達到下列基本條件後，開始考慮停利出場：

1. 規畫資金分配、購買張數，依據進場條件及位置進場。

2. 進場後設好停損，並嚴格執行停損。

3. 未達停損及獲利未滿5%，繼續持股操作。

4. 獲利超過5%之後，依據個人做長線或做短線戰法，停利出場。

5. 操作短線，獲利超過15%以上，出現K線轉折訊號反轉

時,不可貪心,一定要按照紀律停利出場,獲利入袋,避免獲利回吐。

❯長線操作優缺點

長線操作優點

1. 長時間操作一檔股票,不需要頻繁進出,適合無法看盤的投資人。
2. 波段長線操作,獲利率高。
3. 紀律操作,輕鬆抱股。

長線操作缺點

1. 操作機會比較少,鎖股等待時間比較長。
2. 要考慮基本面、產業面、題材面。
3. 整體大環境對股票能否維持長期趨勢影響很大,當大盤走波段方向時,個股長波段才容易維持長線走勢。
4. 長期持股需要忍耐回檔、反彈、盤整的過程,對操盤EQ是考驗。
5. 有系統性的風險。

❯短線操作優缺點

短線操作優點

1. 操作機會比較多。

2. 隨個股趨勢變化，可以多空靈活操作。

3. 以技術面操作，操作紀律明確，容易遵守。

4. 操作效率高，小資金可以快速累積財富。

5. 風險比較小。

短線操作缺點

1. 頻繁進出，交易成本增加。

2. 需要看盤，做當沖更要盯盤。

3. 短線操作，每趟進出的獲利空間不大。

4. 要精熟技術分析，嚴守停損停利，紀律操作。

◉ 股市賺賠錢公式

無論做長線或短線，都沒有百分之百的成功率，操作好壞，能否賺到錢，是以下公式中的因素所造成的結果：

賺賠＝勝率×獲利率－敗率×停損率

這4「率」的組合，決定了投資人在股市是贏家或輸家，以下說明這4「率」與賺賠的關係：

1. **勝率**：操作成功的比例。例如操作10次，其中有6次賺錢，4次賠錢賣出，勝率為6成。

2. **獲利率**：操作成功而賺錢的比例。例如買進一張100元的股票，賣出結算後賺10元，獲利率為10%。

3. **敗率**：操作失敗的比例。例如操作10次，其中有6次賺錢，4次賠錢賣出，那麼敗率為4成。

4. **停損率**：操作失敗賠錢的比例。例如買進一張100元的股票，賣出結算後賠6元，停損率為6%。

◐做長線成功關鍵：高獲利率

操作多頭長線，要在底部多頭趨勢確認時開始，因此機會比較少，即使底部多頭趨勢確認，也沒有辦法保證一定會走出大波段，所以，由上面公式來看，長線波段操作賺大錢的關鍵在高獲利率。

例如選了10檔股票，都是在底部多頭趨勢確認開始操作，後來只有3檔維持長波段趨勢發展，獲利率平均到50%，另外7檔，有的只走一個短波段就結束，有的停損出場，平均停損率為5%，10檔中有3檔成功，勝率為30%，敗率為70%，套入公式的結果為：賺賠＝3×50%－7×5%＝150%－35%＝115%。長波段的操作可能長達3個月到1年，但高達115%的獲利，十分驚人。

◐做短線成功關鍵：勝率和操作頻率

操作多頭短線，在多頭趨勢的起漲轉折位置都可以做，因此機會比較多，但同樣無法保證一定成功。由於短線的獲利有限，由上面公式來看，短線操作賺大錢的關鍵在高勝率及多次

富晶通週線：長波段操作

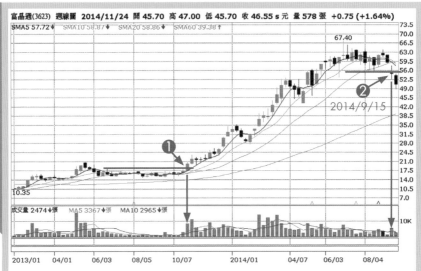

2014/9/15

❶ 富晶通（3623）2013/10/28，本週大量長紅K線上漲，突破回檔5個月的橫盤盤整，均線為4線多頭排列向上，長線多頭上漲確認，週線收盤20.1元買進，用大波段長線操作。

❷ 2014/9/15，本週大量向下跳空十字線，收盤跌破頭部盤整11週的最低點，空頭趨勢確認，收盤54.8元，長線多單賣出。

操作成果
這是一檔大波段操作的成功案例，抱股操作將近11個月，獲利達34.7元，獲利率高達172.6%。

資料來源：富邦e01電子交易系統

操作。

　　例如選了10檔股票，都是多頭行進中，在起漲確認買進，後來有6檔成功上漲，獲利率平均只有10%，另外4檔失敗下跌，停損5%出場。10檔中有6檔成功，勝率為60%，敗率為40%，套入公式結果：賺賠＝6×10%－4×5%＝60%－20%＝40%。

　　短線操作的次數同樣是10次，獲利卻不如長線，可是短線機
會多，在一年中，長線操作10次，短線可以操作30次，這樣一
來，獲利也可以達到120%，同樣十分驚人。

◉多頭、空頭和盤整趨勢

　　無論做長線或做短線，都要知道什麼是「趨勢」。股價的走
勢方向維持走多頭、走空頭
或橫向盤整，這3個方向稱為
「趨勢」。

1. **多頭趨勢**：股票上漲時，維
　　持「頭頭高、底底高」的圖
　　形走勢。

2. **空頭趨勢**：股票下跌時，維
　　持「頭頭低、底底低」的圖
　　形走勢。

3. **盤整趨勢**：股票行進時，既
　　非多頭的圖形，也非空頭的
　　圖形走勢。

　　趨勢的詳細說明，參見《抓
住飆股輕鬆賺》第1篇。

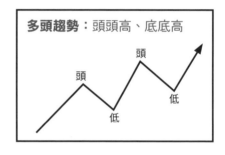

多頭趨勢：頭頭高、底底高

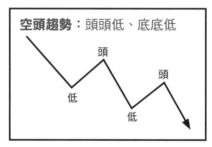

空頭趨勢：頭頭低、底底低

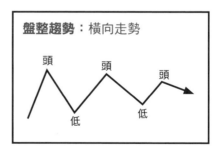

盤整趨勢：橫向走勢

▶多頭、空頭和盤整轉折

　　除了趨勢之外，無論做長線或做短線，也要了解什麼是「轉折」。股價在走趨勢的時候，漲漲跌跌，每次的上漲轉向下跌，或者下跌轉向上漲，稱為「轉折」點。

1. **多頭轉折**：股票上漲一波到高點，轉向回檔的下跌；股票回檔結束後轉向的上漲。
2. **空頭轉折**：股票下跌一波到低點，轉向反彈的上漲；股票反彈結束後轉向的下跌。
3. **盤整轉折**：股票在盤整區的上頸線轉向下跌及下頸線轉向上漲。

　　轉折的關鍵在K線的變化，K線的轉折應用，參見《抓住K線 獲利無限》第3～4篇。

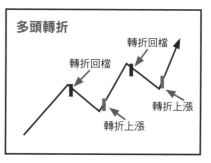

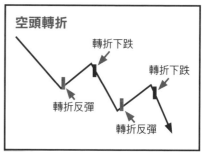

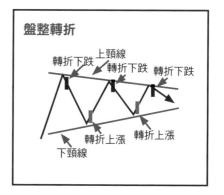

◎何謂「長線保護短線」？

在股票市場，我們常聽人說「長線保護短線」，指的是：

1. 長線「趨勢」保護短線的「轉折」

    ● 在日線走勢圖中是多頭趨勢，可以保護做日線短線多頭的「轉折」方向。

    ● 在週線走勢圖中是多頭趨勢，可以保護做週線短線多頭的「轉折」方向。

2. 長線「趨勢」保護短線的「趨勢」

    ● 在週線走勢圖中是多頭趨勢，可以保護做日線短線多頭的「趨勢」方向。

    ● 在月線走勢圖中是多頭趨勢，可以保護做週線短線多頭的「趨勢」方向。

◎操作的終極目標是「賺錢」

進出股市，無論做長線或短線，終極目標都是要「賺錢」。任何投資人或投資單位、外資，甚至國安基金，投入股市都是想賺錢。

2014年9月1日起，台股由9532點一路跌到10月17日8501點，下跌1031點，公營行庫配合政府護盤買進。當行情打底回升之後，在多頭放量上漲的10月31日，看到當初配合政府進場的公營行庫出現賣超，即使是下跌護短的救市資金，也會設法在賺錢時賣出。

　　我要特別強調的是，散戶要有一個觀念，把自己辛苦存的錢投入股市，目的是要「賺錢」，不是「賠錢」，保住資金才是你最重要的工作，股票只是用來賺錢的操作商品，不要眷念賠錢的股票。

　　聰明的投資人絕對不是死多頭或死空頭，當行情不好，股票走勢不好，逆勢操作都很難賺錢，這時應該休息觀望，等待行情轉好，股票走勢變好，再順勢操作，這時就是很好賺錢的時候，才應該積極投入。

　　掌握股市脈動，根據行情好壞做多或做空，並採用做長線或短線的操作策略，才能夠成為股市的長期贏家。

第2章

長線趨勢操作法

小叮嚀：任何操作方法都要依據〈步驟2：進場〉的紀律進場，之後再根據自己的策略，採取不同的方法。

操作方法大致可區分為做長線及做短線兩種，至於長線多長，短線多短，則沒有一定的標準，做幾天就出場或是做當沖，都可叫做短線，守月線或守季線，都可叫做長線。

操作長線是用「趨勢」的概念，只做多頭趨勢的上漲及空頭趨勢的下跌，不做逆勢。趨勢沒改變之前，持股續抱，一直到趨勢改變才出場。

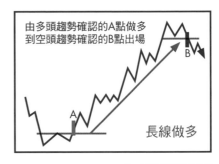

由多頭趨勢確認的A點做多到空頭趨勢確認的B點出場

長線做多

1. **長線做多**：從多頭趨勢的確認開始，一直做到空頭趨勢的確認。

2. **長線做空**：從空頭趨勢的確認開始，一直做到多頭趨勢的確認。

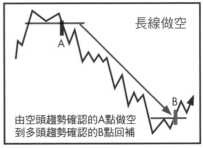

長線做空

由空頭趨勢確認的A點做空到多頭趨勢確認的B點回補

◎ 長趨勢和短趨勢

趨勢本身可以分為長趨勢和短趨勢：

1. 看「盤中分時圖」的走勢圖做「趨勢操作」，是依據當天盤中的趨勢變化操作。

2. 看「日線圖」的走勢圖做「趨勢操作」，是依據每天的趨勢變化操作。

3. 看「週線圖」的走勢圖做「趨勢操作」，是依據每週的趨勢變化操作（P. 235的「富晶通週線圖」就是週線圖的趨勢長線操作）。

4. 看「月線圖」的走勢圖做「趨勢操作」，是依據每月的趨勢變化操作。

因此，用時間越長的趨勢圖做趨勢操作，操作的時程也就會越久。

◎ 長線日線趨勢操作

用「日線圖」的走勢圖做「趨勢操作」時，當日線符合多頭趨勢確認時進場，當日線趨勢變成空頭時出場。「週線圖」的走勢圖當時可能只是空頭的反彈，所以，只能在日線上做趨勢操作。

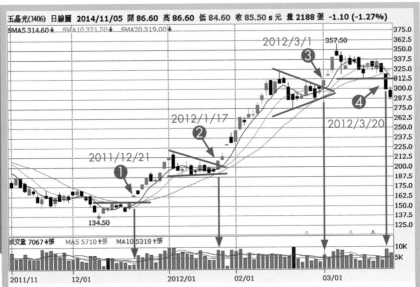

玉晶光日線：趨勢操作做多

玉晶光(3406) 日線圖 2014/11/05 開 86.60 高 86.60 低 84.60 收 85.50 s 元 量 2188 張 -1.10 (-1.27%)
SMA5 314.60↓ SMA10 321.50↓ SMA20 319.00↓

2012/3/1
357.50
❸

2012/1/17
❹
2012/3/20

2011/12/21
❶
❷

134.50

成交量 7067↓張 MA5 5710↑張 MA10 5318↑張

2011/11　12/01　2012/01　02/01　03/01

❶ 玉晶光（3406）2011/12/21，多頭確認，股價在月線之上（收盤頭頭高、底底高，多頭架構完成）。在日線「趨勢操作」長線，收盤164.5元，多單買進。

❷ 2012/1/17，多頭上漲一段後（初升段），大量長紅K線突破盤整，多頭趨勢沒有改變，長線多單仍然續抱。

❸ 2012/3/1，多頭再上漲一段後（主升段），大量長紅K線突破盤整，多頭趨勢沒有改變，長線多單仍然續抱。

❹ 2012/3/20，多頭再上漲一段後（末升段），大量長黑K線下跌，跌破前面低點，空頭確認，股價在月線之下（收盤頭頭低、底底低，空頭架構完成）。在日線「趨勢操作」長線趨勢改變，收盤299元多單賣出。

操作成果
●日線「趨勢操作」長線，進出1次，時程3個月。
●獲利299元－164.5元＝134.5元，獲利率81.7%。
●下頁圖是同時期的週線走勢圖，可以清楚看出，日線多頭趨勢確認時，週線只是空頭反彈，可是在日線「趨勢操作」的長線操作下，可有大波段的獲利到81.7%。

資料來源：富邦e01電子交易系統

玉晶光(3406) 週線圖 2014/11/03 開 85.20 高 90.40 低 84.60 收 87.60 元 量 13131 張 +2.80 (+3.30%)
SMA5 207.40↑ SMA10 230.25↓ SMA20 258.73↑

成交量 46538↑張 MA5 34599↑張 MA10 31852↑張

❶ 玉晶光2011/12/19～23，週K長紅上漲，低檔內困3紅，轉折向上，
　為空頭反彈，但是當週的日線已經完成多頭趨勢。

❷ 2012/3/5～9，週K連續強勢反彈到上面兩個頭部的壓力，出現價量背
　離，週線高檔連3黑K線下跌，日線已經轉成空頭趨勢。

資料來源：富邦e01電子交易系統

玉晶光日線：趨勢操作做空

① 玉晶光2013/9/11，空頭確認（收盤頭頭低、底底低，空頭架構完成），股價跌破月線之下，均線3線空頭排列，在日線「趨勢操作」，收盤162.5元，空單放空。

② 2014/1/17底部盤整，大量長紅K線突破底部盤整高點，趨勢轉為多頭確認，在日線「趨勢操作」中趨勢改變，收盤93.5元，空單回補。

操作成果

● 日線「趨勢操作」長線，進出1次，時程4個月。

● 獲利162.5元－93.5元＝69元，獲利率42.5%。

● 下頁圖是同時期的週線走勢圖，可以看出，日線空頭趨勢確認時，週線只是空頭反彈後繼續下跌，在日線「趨勢操作」的長線操作下，是週線長線操作空頭趨勢中的末跌段。

玉晶光(3406) 週線圖 2014/11/03 開 85.20 高 90.40 低 84.30 收 84.30 s 元 量 15266 張 -0.50 (-0.59%)

SMA5 92.62　SMA10 90.13↑　SMA20 102.35↓

玉晶光週線

2013/9/9～13 ❶

79.00

❷

2014/1/13～17

成交量 4277↑張　　MA5 9154↓張　　MA10 10581↓張

❶ 玉晶光2013/9/9～13，週線空頭反彈結束，長黑K線下跌，均線持續
3線空頭排列，週線空頭趨勢不變，股價繼續下跌。

❷ 2014/1/13～17，週線底部盤整8週，本週放量紅K線反彈，但在日線
中趨勢改變。

◉長線週線趨勢操作

用「週線圖」的走勢圖做「趨勢操作」時,當週線符合多頭趨勢確認時進場,當「週線圖」的走勢圖變成空頭趨勢時就要出場。

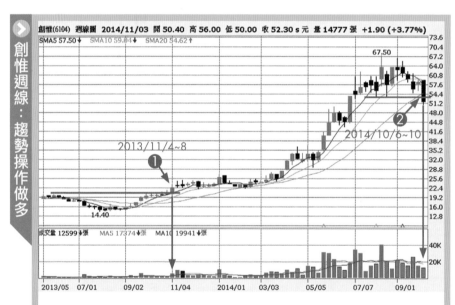

❶ 創惟(6104)2013/11/4～8,週線大量長紅K線上漲突破圓弧底高點,均線3線多頭排列,週線多頭趨勢確認,當週收盤22.5元進場,用週線趨勢操作。

❷ 2014/10/6～10,週線長黑K線下跌,跌破13週K線低點,出現「頭頭低、底底低」空頭趨勢,當週收盤51.8元多單賣出。

操作成果

長線週線「趨勢」操作,操作11個月,獲利率130%。

F-TPK週線：趨勢操作做空

❶ F-TPK（3673）2013/6/17～21，週線大量長黑K線下跌，跌破前面低點，出現「頭頭低、底底低」，均線3線空頭排列，週線空頭趨勢確認，當週收盤525元進場放空，用週線趨勢操作。

❷ 2014/4/14～18，週線大量長紅K線上漲，突破前高，底部多頭趨勢確認，當週收盤222.5元空單回補。

操作成果
●長線週線「趨勢」操作，操作10個月，獲利率57.6%。

第3章

短線轉折操作法

小叮嚀：任何操作方法都要依據〈步驟2：進場〉的紀律進場，之後再根據自己的策略，採取不同的方法。

操作短線是用「轉折」的概念，可以做多頭趨勢上漲的一段、空頭趨勢下跌的一段，也可以做急跌的反彈和急漲的回檔逆勢。在趨勢行進時，由其中一個轉折的確認點，做到出現相反方向的轉折確認點時出場。

1. **短線做多**：從多頭轉折上漲的確認點進場做多，一直做到上漲一波段，出現轉折下跌確認時出場。

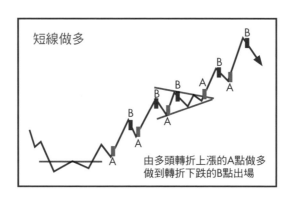

短線做多

由多頭轉折上漲的A點做多
做到轉折下跌的B點出場

2. **短線做空**：從空頭轉折下跌的確認點進場放空，一直做到下
　跌一波段，出現轉折上漲確認點時回補。

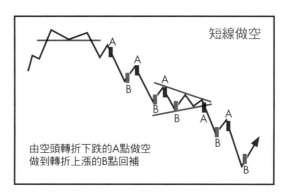

◗ 長轉折和短轉折

轉折本身可以分為長轉折和短轉折：

1. 看「盤中分時圖」的走勢圖做「轉折操作」，可說是依據
　當天盤中的轉折變化進出。

2. 看「日線圖」的走勢圖做「轉折操作」，可說是依據每天
　的轉折變化進出。

3. 看「週線圖」的走勢圖做「轉折操作」，可說是依據每週
　的轉折變化進出。

4. 看「月線圖」的走勢圖做「轉折操作」，可說是依據每月
　的轉折變化進出。

　　因此，用時間越長的趨勢圖做轉折操作，操作的時程就會比
較長。

晶豪科日線：短線轉折操作做多

晶豪科(3006) 日線圖 2014/11/05 開 46.30 高 46.40 低 45.45 收 45.50 s 元 量 3129 張 -0.50 (-1.09%)
SMA5 73.12↓   SMA10 75.87↓   SMA20 76.56↑

成交量 15358 ↑張   MA5 10627 ↑張   MA10 11533 ↑張

❶ 晶豪科（3006）2007/1/5，日線大量長紅K線上漲，突破前面高點，多頭趨勢「頭頭高、底底高」確認，均線3線多頭排列，當日收盤37.95元進場短線做多，用日線「轉折」操作。

❷ 2007/1/16，跌破前3日K線最低點，跌破MA5，收盤43.1元多單賣出。短線單次獲利5.15元，獲利率13.5%。

❸ 2007/1/18，日線回檔後長紅K線上漲，突破前一日K線高點，當日收盤47.1元進場短線做多，用日線「轉折」操作。

❹ 2007/1/30，跌破前2日K線最低點，跌破MA5，收盤51.8元多單賣出。短線單次獲利4.7元，獲利率9.9%。

❺ 2007/2/6，日線回檔後放量長紅K線上漲，突破前一日K線高點，當日收盤50.5元進場短線做多，用日線「轉折」操作。

❻ 2007/3/5，長黑K線夜星轉折向下，跌破前1日最低點，跌破MA5，收盤63.6元多單賣出。短線單次獲利13.1元，獲利率25.9%。

❼ 2007/3/7，日線放量長紅K線上漲，突破前一日K線高點，當日收盤67.9元進場短線做多，用日線「轉折」操作。

❽ 2007/3/16，長黑K線轉折向下，跌破前3日最低點，跌破MA5，收盤77元多單賣出。短線單次獲利9.1元，獲利率13.4%。

❾ 2007/4/2，長黑K線下跌，跌破前面低點，跌破MA5、MA10、MA20，趨勢轉為「頭頭低、底底低」空頭確認，結束做多操作。

文接右頁

操作成果

● 日線「轉折操作」短線，一共進出4次，時程2.5個月。

● 總獲利5.15元＋4.7元＋13.1元＋9.1元＝32.05元，獲利率32.05÷37.95＝84.4%。

伍豐日線：短線轉折操作做空

❶ 伍豐（8076）2012/3/20，日線大量長黑K線下跌，短破前面低點，空頭趨勢「頭頭低、底底低」確認，均線3線空頭排列，當日收盤45.1元進場短線做空，用日線「轉折」操作。

❷ 2012/4/6，長紅K線突破前1日K線最高點，突破MA5，收盤39.8元空單回補。短線單次獲利5.3元，獲利率11.7%。

❸ 2012/4/17，空頭反彈到MA20月線，日線長黑K線下跌，跌破前面5日K線低點，均線3線空頭排列，當日收盤39.45元進場短線做空，用日線「轉折」操作。

❹ 2012/4/25，向上跳空長紅K線，突破前1日K線最高點，突破MA5，收盤37.2元空單回補。短線單次獲利2.25元，獲利率5.7%。

❺ 2012/5/9，空頭反彈到MA20月線，日線向下跳空長黑K線下跌，

文接
下頁

跌破前面2日K線低點，跌破MA20均線，當日收盤37.8元進場短線做空，用日線「轉折」操作。

❻ 2012/5/29，向上跳空長紅K線，突破前3日K線最高點，突破MA5、MA10均線，收盤34.25元空單回補。短線單次獲利3.55元，獲利率9.3%。

❼ 2012/6/1，空頭反彈後，日線長黑K線下跌，跌破前面3日K線低點，當日收盤31.55元進場短線做空，用日線「轉折」操作。

❽ 2012/6/6，向上長紅K線，突破前2日K線最高點，突破MA5均線，收盤31.8元空單回補。短線單次獲利-0.25元，獲利率為-0.7%。

❾ 2012/6/20，日線大量長紅K線上漲，突破底部頭肩底上頸線，均線3線多頭排列向上，多頭趨勢確認，結束做多日線「轉折」操作。

操作成果

● 日線做空「轉折操作」短線，一共進出4次，時程2.5個月。

● 總獲利5.3元＋2.25元＋3.55元-0.25元＝10.85元，獲利率10.85÷45.1＝24%。

佳世達週線：短線轉折操作做空

❶ 佳世達（2352）2011/2/8，週線大量長黑K線下跌，跌破前面低點，空頭趨勢「頭頭低、底底低」確認，均線3線空頭排列，當週收盤17.9

文接右頁

元進場短線做空,用週線「轉折」操作。

❷ 2011/3/28,週線紅K線,突破前1週K線最高點,收盤17.4元空單回補。短線單次獲利0.5元,獲利率2.7%。

❸ 2011/4/25,週線大量長黑K線下跌,跌破前4週K線低點,均線3線空頭排列,當週收盤16.3元進場短線做空,用週線「轉折」操作。

❹ 2011/8/29,週線大量紅K線,突破前2週K線最高點,收盤8.4元空單回補。短線單次獲利7.9元,獲利率48.4%。

操作成果

●週線「轉折操作」做空短線,一共進出2次,時程6.5個月。

●總獲利0.5元+7.9元=8.4元,獲利率8.4÷17.9=46.9%。

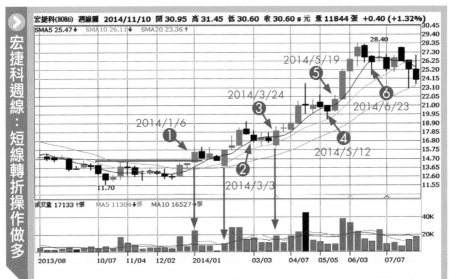

宏捷科週線:短線轉折操作做多

❶ 宏捷科(8086)2014/1/6,週線大量長紅K線上漲,突破前面高點,多頭趨勢「頭頭高、底底高」確認,均線3線多頭排列,當週收盤15.5元進場短線做多,用週線「轉折」操作。

❷ 2014/3/3,週線黑K線,跌破前1週K線最低點,跌破MA5均線,收盤16.85元多單賣出。短線單次獲利1.35元,獲利率8.7%。

文接下頁

承上
頁圖

❸ 2014/3/24，週線多頭回檔後大量長紅K線上漲，突破前面2週高點，均線3線呈現多頭排列，當週收盤18元進場短線做多，用週線「轉折」操作。

❹ 2014/5/12，週線黑K線，跌破前1週K線最低點，跌破MA5週均線，收盤20.3元多單賣出。短線單次獲利2.3元，獲利率12.7%。

❺ 2014/5/19，週線多頭回檔後長紅K線上漲，突破前1週高點，均線3線多頭排列，當週收盤21.7元進場短線做多，用週線「轉折」操作。

❻ 2014/6/23，週線黑K線，跌破前1週K線最低點，跌破MA5週均線，收盤26.1元多單賣出。短線單次獲利4.4元，獲利率20.2%。

操作成果

●週線「轉折操作」短線，一共進出3次，時程5.5個月。

●總獲利1.35元＋2.3元＋4.4元＝8.05元，獲利率8.05÷15.5＝51.9%。

第4章

▶ 長線均線操作法

小叮嚀：任何操作方法都要依據〈步驟2：進場〉的紀律進場，之後再根據自己的策略，採取不同的方法。

長線均線操作法的原則是，符合趨勢進場後，設定均線為操作依據，而且又可區分為日均線和週均線做多兩種操作方式。

▶ 日線波浪型態＋MA20日均線操作做多

1. 波浪型態多頭完成。

2. 股價突破MA20日均線，均線上揚。

3. 進場停損守多頭轉折低點。

4. 跌破MA20日均線出場。

5. 多頭趨勢改變（日線趨勢出現頭頭低），停止操作。

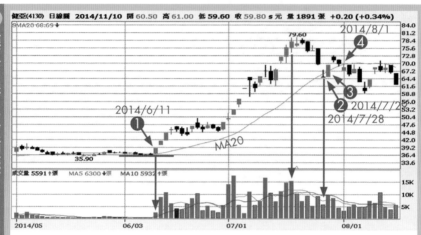

健亞日線：波浪型態＋MA20日均線操作

健亞(4130) 日線圖 2014/11/10 開 60.50 高 61.00 低 59.60 收 59.80 s 元 量 1891 張 +0.20 (+0.34%)

❶ 健亞（4130）2014/6/11，日線大量長紅K線上漲，突破底部盤整，多頭趨勢「頭頭高、底底高」確認，當日收盤38.9元進場長線做多，用日線MA20均線操作。

❷ 2014/7/28，跌破MA20，收盤65元多單賣出。短線單次獲利26.1元，獲利率67%。

❸ 2014/7/29，日線大量長紅K線上漲，突破MA20，多頭回檔再上漲確認，當日收盤69.5元進場長線做多，用日線MA20均線操作。

❹ 2014/8/1，跌破MA20，收盤68.6元多單賣出。短線單次獲利−0.9元，獲利率−1.2%。

操作成果
● 日線「波浪型態＋MA20日均線操作」長線，一共進出2次，時程2個月。
● 總獲利26.1元−0.9元＝25.2元，獲利率25.2÷38.9=64.7%。

▶週線波浪型態＋MA10週均線操作做多

1. 週線波浪型態多頭完成。

2. 股價在MA10週均線之上，均線上揚，多頭進場位置進場。

3. 進場停損守多頭轉折低點。

4. 跌破MA10週均線出場。

5. 多頭趨勢改變（週線趨勢出現頭頭低），停止操作。

應華週線：波浪型態＋MA10週均線操作

❶ 應華（5392）2009/2/23，當週大量長紅K線上漲，突破前面高點，多頭趨勢「頭頭高、底底高」確認，當週收盤89.2元進場長線做多，用週線MA10均線操作。

❷ 2009/6/8，黑K線下跌，跌破MA10，收盤117.5元多單賣出。短線單次獲利28.3元，獲利率31.7%。

❸ 2009/6/29，週線大量長紅K線上漲，突破MA10，多頭回檔再上漲確認，當日收盤132.5元進場長線做多，用週線MA10均線操作。

❹ 2009/9/28，長黑K線下跌，跌破MA10，收盤186元多單賣出。短線單次獲利53.5元，獲利率40.3%。

操作成果

●週線「波浪型態＋MA10週均線操作」長線，一共進出2次，時程7個月。

●總獲利28.3元＋53.5元＝81.8元，獲利率81.8÷89.2＝91.7%。

第5章

短線K線及均線操作法

小叮嚀：任何操作方法都要依據〈步驟2：進場〉的紀律進場，之後再根據自己的策略，採取不同的方法。

短線轉折操作法可以區分為K線操作法和均線操作法，其中又可細分為日線和週線操作，總計有10種操作法。

K線操作法

以K線最高點被突破轉強、K線最低點被跌破轉弱做為操作的依據。

1. 日線操作
   - 做多，每日收盤守前一日K線最底點。
   - 做空，每日收盤守前一日K線最高點。
2. 週線操作
   - 做多，每週收盤守前一週K線最底點。
   - 做空，每週收盤守前一週K線最高點。

均線操作法

符合趨勢進場後，設定均線做為操作依據。

1. 日線操作

- 波浪型態＋MA5日均線操作。
- 波浪型態＋MA10日均線操作。

2. 週線操作

- 波浪型態＋MA5週均線操作。

逆勢操作屬於短線操作，適合用K線操作法或者MA3均線操作法。

◉方法1：日線多頭「K線操作法」做多

1. 波浪型態多頭完成。
2. 股價符合多頭進場位置進場。
3. 進場停損守進場紅K線最低點。
4. 收盤跌破前一日K線最低點出場。
5. 多頭趨勢改變（日線趨勢出現頭頭低），停止操作。
6. 逆勢做多也可用此方法短線操作。

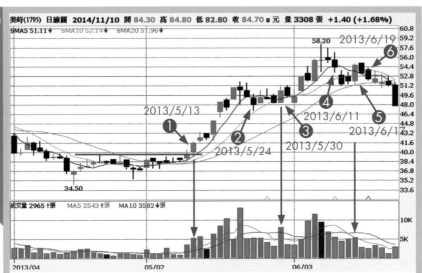

美時日線：K線操作法

❶ 美時（1795）2013/5/13，日線大量長紅K線上漲，突破前面高點，
多頭趨勢「頭頭高、底底高」確認，當日收盤41.5元進場短線做多，用
日線「K線操作法」操作。

❷ 2013/5/24，黑K線收盤跌破前一日K線最低點，收盤48元多單賣出。
短線單次獲利6.5元，獲利率15.6%。

❸ 2013/5/30，日線大量長紅K線上漲，收盤突破前一日的最高點，多頭
回檔再上漲，當日收盤50.3元進場短線做多，用日線「K線操作法」操
作。

❹ 2013/6/11，黑K線收盤跌破前一日K線最低點，收盤54.3元多單賣
出。短線單次獲利4元，獲利率7.9%。

❺ 2013/6/17，日線大量長紅K線上漲，收盤突破前一日的最高點，多頭
回檔再上漲，當日收盤54.7元進場短線做多，用日線「K線操作法」操
作。

❻ 2013/6/19，黑K線收盤跌破前一日K線最低點，出現「頭頭低」轉
折，收盤52.3元多單賣出。短線單次獲利－2.4元，獲利率－4.3%。

操作成果
● 日線「K線操作法」操作短線，一共進出3次，時程1個月。
● 總獲利6.5元＋4元－2.4元＝8.1元，獲利率8.1÷41.5＝19.5%。

◎方法2：日線空頭「K線操作法」做空

1. 波浪型態空頭完成。

2. 股價符合空頭進場位置進場。

3. 進場停損守進場黑K線最高點。

4. 收盤突破前一日K線最高點回補。

5. 空頭趨勢改變（日線趨勢出現底底高），停止操作。

6. 逆勢做空也可用此方法短線操作。

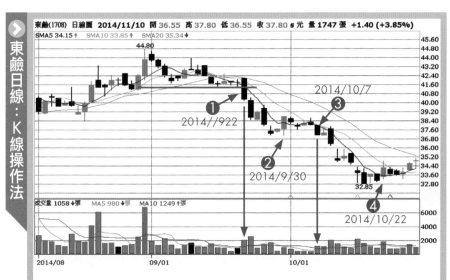

❶ 東鹼（1708）2014/9/22，日線大量長黑K線下跌，跌破前面低點，
空頭趨勢「頭頭低、底底低」確認，當日收盤40.3元進場短線做空，用
日線空頭「K線操作法」操作。

❷ 2014/9/30，紅K線收盤突破前一日K線最高點，收盤38.8元空單回
補。短線單次獲利1.5元，獲利率3.7%。

❸ 2014/10/7，日線大量長黑K線下跌，收盤跌破前一日最低點，空頭

文接
下頁

承上
頁圖

> 反彈再下跌,當日收盤37.15元進場短線做空,用日線空頭「K線操作法」操作。
>
> ❹ 2014/10/22,紅K線收盤突破前一日K線最高點,收盤34.25元空單回補。短線單次獲利2.9元,獲利率7.8%。
>
> **操作成果**
> ●日線空頭「K線操作法」操作短線,一共進出2次,時程1個月。
> ●總獲利1.5元+2.9元=4.4元,獲利率4.4÷40.3=10.9%。

▶方法3:週線多頭「K線操作法」做多

1. 週線波浪型態多頭完成。

2. 股價符合多頭進場位置進場。

3. 進場停損守當週進場紅K線最低點。

4. 收盤跌破前一週K線最低點出場。

5. 多頭趨勢改變(週線趨勢出現頭頭低),停止操作。

鴻海週線：K線操作法

❶ 鴻海（2317）2009/3/2，週線大量長紅K線上漲，突破前面高點，多
頭趨勢「頭頭高、底底高」確認，當週收盤75.4元進場短線做多，用週
線「K線操作法」操作。

❷ 2009/6/1，黑K線收盤跌破前一週K線最低點，跌破MA5週均線，收
盤111.5元多單賣出。短線單次獲利36.1元，獲利率47.8%。

❸ 2009/7/6，週線大量長紅K線上漲，收盤突破前3週的最高點，多頭回
檔再上漲，當週收盤109.5元進場短線做多，利用週線「K線操作法」
操作。

❹ 2010/1/18，黑K線收盤跌破前3週K線最低點，跌破MA5週均線，收
盤138元多單賣出。短線單次獲利28.5元，獲利率26%。

操作成果
●週線「K線操作法」操作短線，一共進出2次，時程10.5個月。
●總獲利36.1元＋28.5元＝64.6元，獲利率64.6÷75.4＝85.6%。

▶方法4：週線空頭「K線操作法」做空

1. 週線波浪型態空頭完成。

2. 股價符合空頭進場位置進場。

3. 進場停損守當週進場黑K線最高點。

4. 收盤突破前一週K線最高點出場。

5. 空頭趨勢改變（週線趨勢出現底底高），停止操作。

❶ F-TPK（3673）2013/6/17，週線大量長黑K線下跌，跌破頭部盤整低點，空頭趨勢「頭頭低、底底低」確認，當週收盤525元進場短線做空，用週線「K線操作法」操作。

❷ 2013/9/2，紅K線收盤突破前一週K線最高點，突破MA5週均線，收盤331元多單賣出。短線單次獲利194元，獲利率36.9%。

❸ 2013/9/9，週線大量長黑K線下跌，收盤跌破前3週最低點，空頭反彈

文接右頁

再下跌，當週收盤284元進場短線做空，用週線「K線操作法」操作。

④ 2013/12/30，紅K線收盤突破前3週K線最高點，突破MA5週均線，收盤183.5元多單賣出。短線單次獲利100.5元，獲利率35.3%。

操作成果

●週線「K線操作法」操作短線，一共進出2次，時程6.5個月。

●總獲利194元＋100.5元＝294.5元，獲利率294.5÷525＝56%。

▶方法5：日線多頭「MA5均線操作法」做多

1. 波浪型態多頭完成。

2. 股價符合多頭進場位置進場。

3. 進場停損守進場紅K線最低點。

4. 收盤跌破MA5均線出場。

5. 多頭趨勢改變（日線趨勢出現頭頭低），停止操作。

6. 逆勢做多也可用此方法短線操作。

美時日線：5日均線操作法

① 美時（1795）2013/5/13，日線大量長紅K線上漲，突破前面高點，多頭趨勢「頭頭高、底底高」確認，當日收盤41.5元進場短線做多，用日線「K線操作法」操作。

② 2013/5/24，黑K線收盤跌破前一日K線最低點，收盤48元多單賣出。短線單次獲利6.5元，獲利率15.6%。

③ 2013/5/30，日線大量長紅K線上漲，收盤突破前一日的最高點，多頭回檔再上漲，當日收盤50.3元進場短線做多，用日線「K線操作法」操作。

④ 2013/6/11，黑K線收盤跌破MA5均線，收盤54.3元多單賣出。短線單次獲利4元，獲利率7.9%。

⑤ 2013/6/17，日線大量長紅K線上漲，收盤突破前一日最高點，多頭回檔再上漲，當日收盤54.7元進場短線做多，用日線「MA5均線操作法」操作。

⑥ 2013/6/19，黑K線收盤跌破MA5均線，出現「頭頭低」轉折，收盤52.3元多單賣出。短線單次獲利－2.4元，獲利率－4.3%。

操作成果
● 日線「K線操作法」操作短線，一共進出3次，時程1個月。
● 總獲利6.5元＋4元－2.4元＝8.1元，獲利率8.1÷41.5＝19.5%。

方法6：日線空頭「MA5均線操作法」做空

1. 波浪型態空頭完成。

2. 股價符合空頭進場位置進場。

3. 進場停損守進場黑K線最高點。

4. 收盤突破MA5均線出場。

5. 空頭趨勢改變（日線趨勢出現底底高），停止操作。

6. 逆勢做空也可用此方法短線操作。

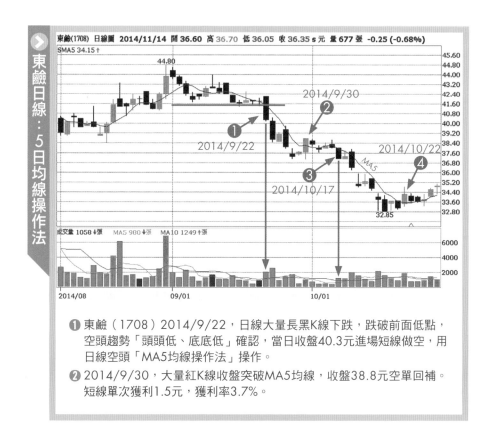

東鹼日線：5日均線操作法

東鹼(1708) 日線圖 2014/11/14 開 36.60 高 36.70 低 36.05 收 36.35 s 元 量 677 張 -0.25 (-0.68%)

SMA5 34.15↑

成交量 1058 ↓張　MA5 980 ↓張　MA10 1249 ↑張

❶ 東鹼（1708）2014/9/22，日線大量長黑K線下跌，跌破前面低點，空頭趨勢「頭頭低、底底低」確認，當日收盤40.3元進場短線做空，用日線空頭「MA5均線操作法」操作。

❷ 2014/9/30，大量紅K線收盤突破MA5均線，收盤38.8元空單回補。短線單次獲利1.5元，獲利率3.7%。

267

❸ 2014/10/7，日線大量長黑K線下跌，收盤跌破前一日最低點，空頭反彈再下跌，當日收盤37.15元進場短線做空，用日線空頭「MA5均線操作法」操作。

❹ 2014/10/22，紅K線收盤突破MA5均線，收盤34.25元空單回補。短線單次獲利2.9元，獲利率7.8%。

操作成果

● 日線空頭「MA5均線操作法」操作短線，一共進出2次，時程1個月。

● 總獲利1.5元＋2.9元＝4.4元，獲利率4.4÷40.3＝10.9%。

▶ 方法7：日線多頭「MA10均線操作法」做多

1. 波浪型態多頭完成。

2. 股價符合多頭進場位置進場。

3. 進場停損守進場紅K線最低點。

4. 收盤跌破MA10均線出場。

5. 多頭趨勢改變（日線趨勢出現頭頭低），停止操作。

龍巖日線：10日均線操作法

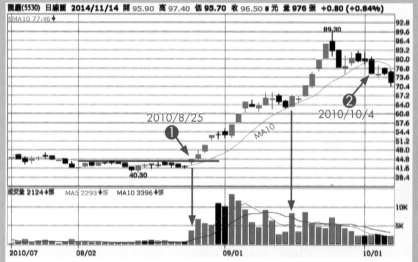

❶ 龍巖（5530）2010/8/25，日線大量長紅K線跳空上漲，突破前面高點，多頭趨勢「頭頭高、底底高」確認，當日收盤45.1元進場短線做多，用日線「MA10均線操作法」操作。

❷ 2010/10/4，黑K線收盤跌破MA10均線，收盤75元多單賣出。短線單次獲利29.9元，獲利率66.2%。趨勢出現「頭頭低、底底低」空頭走勢，停止做多操作。

▶方法8：日線空頭「MA10均線操作法」做空

1. 波浪型態空頭完成。

2. 股價符合空頭進場位置進場。

3. 進場停損守進場黑K線最高點。

4. 收盤突破MA10均線出場。

5. 空頭趨勢改變（日線趨勢出現底底高），停止操作。

❶ 振曜（6143）2010/12/24，日線長黑K線下跌，跌破頭部盤整低點，空頭趨勢「頭頭低、底底低」確認，當日收盤81元進場短線做空，用日線空頭「MA10均線操作法」操作。

❷ 2011/1/20，大量紅K線收盤突破MA10均線，收盤70.4元空單回補。短線單次獲利10.6元，獲利率13%。

❸ 2011/1/24，日線大量長黑K線下跌，收盤跌破前一日最低點，空頭反彈再下跌，當日收盤67.5元進場短線做空，用日線空頭「MA10均線操

文接右頁

作法」操作。

④ 2011/3/10，紅K線收盤突破MA10均線，收盤58.7元空單回補。短線單次獲利8.8元，獲利率12.9%。

⑤ 2011/3/14，日線大量長黑K線下跌，收盤跌破前一日最低點，空頭反彈再下跌，當日收盤54.2元進場短線做空，用日線空頭「MA10均線操作法」操作。

⑥ 2011/3/22，大量紅K線收盤突破MA10均線，收盤49元空單回補。短線單次獲利5.2元，獲利率9.5%。

⑦ 2011/3/25，日線5黑K線下跌，收盤跌破前一日最低點，空頭反彈再下跌，當日收盤47元進場短線做空，用日線空頭「MA10均線操作法」操作。

⑧ 2011/3/31，大量長紅K線收盤突破MA10均線，收盤49.5元空單回補。短線單次獲利－2.5元，獲利率－5.3%。出現底底高多頭走勢，做空停止操作。

操作成果

● 日線空頭「MA10均線操作法」操作短線，一共進出4次，時程4個月。

● 總獲利10.6元＋8.8元＋5.2元－2.5元＝22.1元，獲利率22.1÷81＝27.2%。

▶方法9：週線多頭「MA5均線操作法」做多

1. 週線波浪型態多頭完成。

2. 股價符合多頭進場位置進場。

3. 進場停損守進場紅K線最低點。

4. 收盤跌破MA5週均線出場。

5. 多頭趨勢改變（週線趨勢出現頭頭低），停止操作。

鑫創週線：5日均線操作法

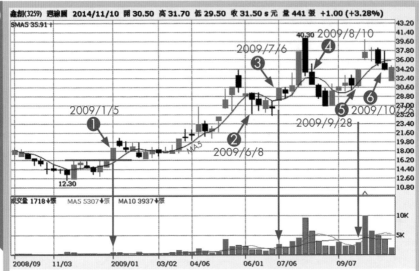

① 鑫創（3259）2009/1/5，週線大量長紅K線上漲，突破前面高點，多頭趨勢「頭頭高、底底高」確認，當週收盤18.7元進場短線做多，用週線「MA5均線操作法」操作。

② 2009/6/8，黑K線收盤跌破MA5週均線，收盤28.2元多單賣出。短線單次獲利9.5元，獲利率50.8%。

③ 2009/7/6，週線大量長紅K線上漲，收盤突破前4週最高點，多頭回檔再上漲，當週收盤30.6元進場短線做多，用週線「MA5均線操作法」操作。

④ 2009/8/10，黑K線收盤跌破MA5週均線，收盤31.15元多單賣出。短線單次獲利0.55元，獲利率1.7%。

⑤ 2009/9/28，週線大量長紅K線上漲，收盤突破前2週最高點，多頭回檔再上漲，當週收盤34.1元進場短線做多，用週線「MA5均線操作法」操作。

⑥ 2009/10/26，黑K線收盤跌破MA5週均線，收盤34.05元多單賣出。短線單次獲利0.05元，獲利率0.1%。出現頭頭低，做多停止操作。

操作成果
● 週線「MA5均線操作法」操作短線，一共進出3次，時程10個月。
● 總獲利9.5元＋0.55元＋0.05元＝10.1元，獲利率10.1÷18.7＝54%。

◉方法10：週線空頭「MA5均線操作法」做空

1. 週線波浪型態空頭完成。

2. 股價符合空頭進場位置進場。

3. 進場停損守進場黑K線最高點。

4. 收盤突破MA5週均線出場。

5. 空頭趨勢改變（週線趨勢出現底底高），停止操作。

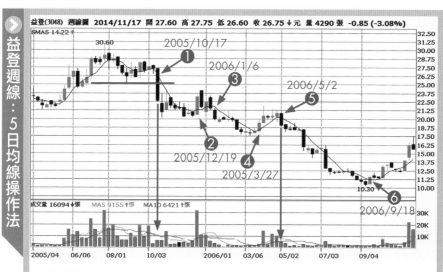

益登週線：5日均線操作法

❶ 益登（3048）2005/10/17，週線大量長黑K線下跌，跌破頭部盤整低
　 點，空頭趨勢「頭頭低、底底低」確認，當週收盤22.7元進場短線做
　 空，用週線「MA5均線操作法」操作。

❷ 2005/12/19，大量長紅K線收盤跌破前4週最低點，收盤23.25元多單
　 賣出。短線單次獲利－0.55元，獲利率－2.4%。

❸ 2006/1/6，週線大量長黑K線下跌，收盤跌破前3週的最低點，空頭反
　 彈再下跌，當週收盤20元進場短線做空，用週線「MA5均線操作法」
　 操作。

文接下頁

❹ 2006/3/27，大量長紅K線收盤突破MA5週均線，收盤19.45元多單賣出。短線單次獲利0.55元，獲利率2.7%。

❺ 2006/5/2，週線長黑K線下跌，收盤跌破前4週的最低點，空頭反彈再下跌，當週收盤19.1元進場短線做空，利用週線「MA5均線操作法」操作。

❻ 2006/9/18，長紅K線收盤突破MA5週均線，收盤11.6元多單賣出。短線單次獲利7.5元，獲利率39.2%。

操作成果

●週線「MA5均線操作法」操作短線，一共進出3次，時程11個月。

●總獲利－0.55元＋0.55元＋7.5元＝7.5元，獲利率7.5÷22.7＝33%。

第6章
長短線綜合操作法：
趨勢＋均線＋乖離

影響股票走勢的因素很多，即使一檔股票的基本面很好，技術面的月、週、日線都合乎多頭上漲的條件，仍不能保證一定會大波段上漲，可能上漲中波段或小波段，就結束多頭趨勢。

為了解決上述的困擾，可以考慮採用以下的操作策略：

策略1 ▶ **長線趨勢操作**

長線趨勢操作，必須在底部多頭趨勢確認位置，或頭部空頭趨勢確認位置開始操作，如果位置在高檔的末升段或在低檔的末跌段，就不適合用長線趨勢操作。

策略2 ▶ **從短線開始操作**

剛進場操作時先從短線做起，當走勢持續時再做長線，例如日線底部多頭趨勢剛確認時，先做短線，當日線持續上漲一段，週線走勢圖也完成底部多頭趨勢確認後，再改做長線，這樣有週線多頭趨勢的保護，在日線做長線「趨勢操作」，成功的機會就很高。

策略3 〉〉 **長短線綜合操作法**

用長短線兼顧的「趨勢＋均線＋乖離」綜合戰法，在日線操作採取下列做法：

1. 用趨勢進場

● 多頭趨勢做多，空頭趨勢做空，盤整趨勢退出操作。

● 多頭趨勢做多，用多頭做多的2個位置進場，多頭「回後買漲上」、「盤整的突破」（參見〈步驟2：進場〉第2章），停損用趨勢進場的轉折低點。

● 空頭趨勢做空，用空頭做空的2個位置進場，空頭「彈後空下跌」、「盤整的跌破」（參見〈步驟2：進場〉第3章），停損用趨勢進場的轉折高點。

2. 用MA10均線出場

● 多頭用MA10、MA20兩條均線，收盤跌破MA10均線停利賣出，MA20均線的上揚角度，作為方向及多頭強弱變化的參考。

● 空頭用MA10、MA20兩條均線，收盤突破MA10均線停利回補，MA20均線的下彎角度，作為方向及空頭強弱變化的參考。

3. 乖離過大改用MA3、MA5均線停利

多頭走勢，當股價出現急漲，股價與MA20均線乖離超過＋15%以上；或空頭走勢，當股價出現急跌，股價收盤與MA20均線乖離超過－15%以上，改用MA3或MA5兩條均線

停利。短線急漲或急跌，可以快速拉高獲利，要掌握獲利先
入袋，避免因急漲後容易急跌或急跌後容易急漲，使得原先
的獲利出現大量回吐。

4. 趨勢如沒改變，停利後繼續操作原本的趨勢方向。

佳世達日線：長短線綜合操作做多

❶ 佳世達（2352）2013/12/20，日線大量長紅K線上漲，突破前面高
點，多頭趨勢「頭頭高、底底高」確認，股價突破MA20，MA20往
上，當日收盤6.89元進場做多，用日線「長短線綜合操作法」操作。

❷ 2014/1/24，黑K線收盤跌破MA10均線，收盤8.05元多單賣出。短線
單次獲利1.16元，獲利率16.8%。多頭趨勢不變，月線持續往上，繼續
做多。

❸ 2014/2/5，日線大量長紅K線上漲，收盤突破前一日最高點，多頭回
檔再上漲，當日收盤8.16元進場短線做多，用日線「長短線綜合操作
法」操作。

❹ 2014/3/3，黑K線收盤跌破MA10均線，收盤10.1元多單賣出。短線
單次獲利1.94元，獲利率23.7%。

❺ 2014/3/4，日線大量長紅K線上漲，收盤突破前一日最高點，多頭回

文接
下頁

承上頁圖

檔再上漲，當日收盤10.45元進場短線做多，用日線「長短線綜合操作法」操作。

❻ 2014/3/6，黑K線收盤跌破MA10均線，同時出現「頭頭低」轉折，趨勢改變，收盤10.25元多單賣出。短線單次獲利−0.2元，獲利率−1.9%。

操作成果
●日線「長短線綜合操作法」操作，一共進出3次，時程2.5個月。
●總獲利1.16元＋1.94元−0.2元＝2.9元，獲利率2.9÷6.89＝42%。

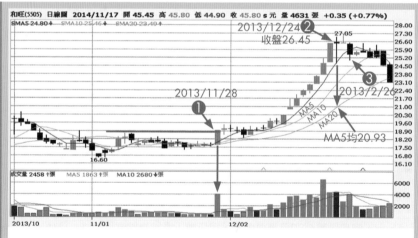

和旺日線：長短線綜合操作做多

❶ 和旺（5505）2013/11/28，日線大量長紅K線上漲，突破前面高點，多頭趨勢「頭頭高、底底高」確認，股價突破MA20，均線3線呈多頭排列向上，當日收盤18.95元進場做多，用日線「長短線綜合操作法」操作。

❷ 2013/12/24，股價連續上漲到高檔，當日出現十字變盤線，收盤26.45元，與MA20月線值20.93元，乖離＝（26.45−20.93）÷20.93＝26.3%＞15%，停利改為跌破MA5均線出場。

❸ 2013/12/26，黑K線收盤跌破MA5均線，收盤25.5元多單賣出。短線單次獲利6.55元，獲利率34.5%。

毅嘉日線：長短線綜合操作做空

① 毅嘉（2402）2010/1/21，日線長黑K線下跌，跌破前面低點，空頭趨勢「頭頭低、底底低」確認，股價跌破MA20，均線3線空頭排列向下，當日收盤19.6元進場做空，用日線「長短線綜合操作法」操作。

② 2010/2/24，日線長紅K線突破MA10，收盤17.05元回補。短線單次獲利2.55元，獲利率13%。

③ 2010/2/25，日線長黑K線跌破前一日K線最低點，當日收盤16.55元進場做空，用日線「長短線綜合操作法」操作。

④ 2010/3/5，日線紅K線突破MA10，收盤16.95元回補。短線單次獲利－0.4元，獲利率－2.4%。

操作成果
● 日線「長短線綜合操作法」操作，一共進出2次，時程1.5個月。
● 總獲利2.55元－0.4元＝2.15元，獲利率2.15÷19.6＝10.9%。

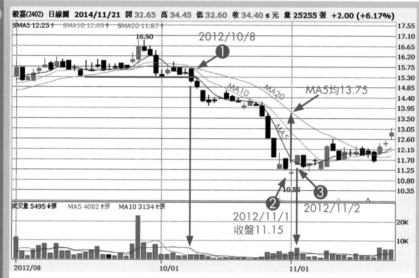

毅嘉日線圖：長短線綜合操作做空

1. 毅嘉2012/10/8，日線大量長黑K線下跌，跌破前面低點，空頭趨勢「頭頭低、底底低」確認，股價跌破MA20，均線3線空頭排列向下，當日收盤15.1元進場做空，用日線「長短線綜合操作法」操作。

2. 2012/11/1，股價連續急速下跌到低檔，當日出現十字變盤線，收盤11.15元，與MA20月線值13.75元，乖離＝（11.15－13.75）÷13.75＝－18.9%＞－15%，停利改為突破MA5均線出場。

3. 2012/11/2，大量長紅K線收盤突破MA5均線，收盤11.9元空單回補。短線單次獲利3.2元，獲利率21.1%。

第7章

> 如何提高操作勝率？

在多頭走勢中，按照進場位置去做多（順勢操作），交易10次，有8次都能夠成功上漲賺錢，這樣的「勝率」高達80%。同樣一支股票，在多頭走勢中去做空（逆勢操作），交易10次，只有1次能夠成功上漲賺錢，這樣的「勝率」只有10%。

> 順勢操作才有高勝率

例如宏達電（2498），在多頭趨勢的向上長紅K線買進，都能夠成功，但是在空頭下跌中的長紅K線買進，卻都失敗，因為在多頭向上的時候買進做多，「勝率」會遠高於在空頭下跌中做多，這就是順勢操作的道理。因此，在空頭下跌時，當天即使大量上漲，去搶做多，10次大概只有1次會成功。

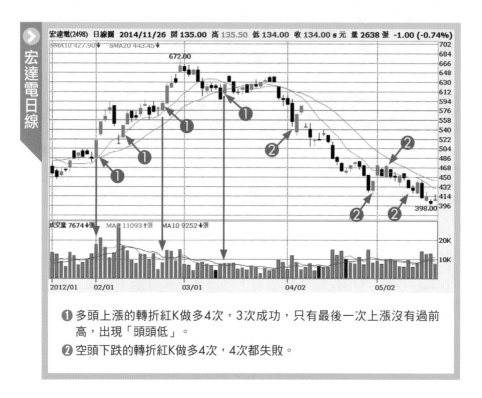

宏達電日線

宏達電(2498) 日線圖 2014/11/26 開 135.00 高 135.50 低 134.00 收 134.00 s 元 量 2638 張 -1.00 (-0.74%)

❶ 多頭上漲的轉折紅K做多4次，3次成功，只有最後一次上漲沒有過前高，出現「頭頭低」。

❷ 空頭下跌的轉折紅K做多4次，4次都失敗。

◐停損才能避免大賠

　　股票市場變化很快，風險很大，執行停損是唯一避開風險的方法，也是避免大賠的唯一方法，該賠就賠，賠就是賺，俗話說：「不怕一萬，只怕萬一。」只要遇到一次因沒執行停損而慘賠，多年的努力恐怕都會付諸流水。

① 旭品（3325）2014/10/8，日線大量長紅K線上漲，突破前面6天K線的橫盤高點，多頭趨勢繼續上漲，當日收盤34.7元進場做多，停損設當天長紅K線的最低點33.7元。

② 2014/10/20，股價連續急速下跌，當日出現大量長黑K線，收盤32.45元，跌破停損價出場。短線停損−2.25元，賠率−6.5%。

③ 如果沒有執行停損，後續連續下跌，2014/10/29日最低價到20.75元，短線賠−13.95元，賠率−40.2%，無法解套，損失慘重。

⬤短線獲利5%即可致富

大家都知道，做大波段的獲利很高，希望買進股票就一直上漲，可是大多數的股票不會如此。散戶做到一檔上漲的股票，往往因為貪心，該賣的時候沒有賣，而少賺很多，甚至倒賠。

股票市場沒有一夜致富的童話故事，按部就班，遵守紀律操

作，該賠就賠，該賺多少就賺多少，長時間下來，才能累積致富。其實，不要小看短線的績效，短線有以下4個優點：

1. 短線的風險比較低。

2. 短線的累積績效比較高（可提高資金運用效率）。

3. 短線的實戰經驗比較多（如選股、進出場、操作）。

4. 短線的賺錢機會比較多（在下跌趨勢仍有賺錢機會）。

以下我們用30萬元資金，每半年短線操作10次，每次獲利率平均只有5%，運用複利模式運作，累積到第5年的上半年，財富就能累積上千萬元！

短線操作的複利績效很驚人						
年度	半年	本金（萬元）	操作次數	獲利率	獲利金額（萬元）	本利和（萬元）
1	上半年	30	10	5%	15	45
	下半年	45	10	5%	22.5	67.5
2	上半年	67.5	10	5%	33.7	101.2
	下半年	101.2	10	5%	50.6	151.8
3	上半年	151.8	10	5%	75.9	227.7
	下半年	227.7	10	5%	113.8	341.5
4	上半年	341.5	10	5%	170.7	512.2
	下半年	512.2	10	5%	256.1	768.3
5	上半年	768.3	10	5%	384.1	1152.4
	下半年	1152.4	10	5%	576.2	1728.6

短線操作時，要注意以下幾項重點：

1. 每半年操作10次，平均1個月操作不到2次，一定可找到短線機會。

2. 按照技術面順勢紀律操作，有時獲利超過5%，有時要停損，平均獲利為5%。

3. 複利操作，資金逐年增加，經驗也逐年增加，保持技術面順勢紀律操作，自然可以穩定獲利。

4. 以趨勢方向盤為主要操作策略：

   ● 多頭順勢買進做多。

   ● 空頭順勢賣出做空。

5. 不疾不徐，不貪不懼，忍耐堅持，看好才出手。

6. 積沙成塔，自然能夠創造財富。

停利

俗話説：會買股票是徒弟，會賣股票才是師傅。經過漫長的選股，等待進場，投入資金，買進股票，再忍受可能停損的煎熬，終於如願上漲，開始嚐到賺錢的喜悅，最後的一里路，就是要何時停利賣出，收割豐碩的果實。

第1章

▶ 停利的基本觀念

俗話説：「會買股票是徒弟，會賣股票才是師傅。」經過學習，一般人會曉得如何挑選股票，但通常沒有停利的規畫。換句話説，懂得買進，而不懂得賣出，只會看著股價上漲又下跌，或者抓到一支會漲的股票，但是漲一點點就賣掉，該賺的大錢沒賺到。

股票賣出換成現金，結算有獲利，才是真正賺錢。沒有賣出前，股價隨時都在上上下下，如何拿捏該賣出的價格，的確不容易，賣得太早只能賺到一點小錢，該賣沒賣，股價又可能快速回跌，反而賠錢。

如何賣出股票是獲利的關鍵，停利是每次交易的最後一個動作，如何劃下完美的句點，讓辛苦的付出有代價，是散戶必學的重要功夫。

停利要有以下的正確觀念，否則永遠會琢磨不定，造成該賣沒賣，不該賣卻賣的情況：

觀念1 ▶

　　股價漲多會拉回，有獲利賣壓、解套賣壓、大戶調節賣壓、洗盤賣壓，因此，除非是飆股，否則即使是在上漲多頭，也是漲一段、回跌一段或盤整一段。

觀念2 ▶

　　切記！股票操作過程中，停利與該股的基本面無關，賣出的決策取決於價格走勢及成交量變化（見右頁的「大立光日線圖」）。

觀念3 ▶

　　操作股票時，好的進場點是成功的一半，好的停利賣出是成功的另一半。

觀念4 ▶

　　股價的起漲與起跌，不是個人能夠掌控，永遠不要想買在最低點，賣在最高點。想賣出時，往往因為覺得還有高點，而錯失相對最佳高點，反而下跌到低點。

　　在操作中，達到自己設定的目標價，或者是出現賣出訊號，都應該斷然賣出。賣出後如果股價繼續上漲，不要覺得可惜，因為「十鳥在林，不如一鳥在手。」買賣股票的目的是獲利，如不能掌握賣出獲利的契機，到最後只是自我陶醉，空歡喜一場而已！

大立光日線：停利與基本面無關

❶ 大立光（3008）2014/6/19，日線多頭盤中後大量長紅K線上漲，突破盤整區，均線多頭排列，當天收盤2190元進場做多。

❷ 2014/7/25，大量長黑K線，跌破前面轉折最低點，跌破MA5、MA10、MA20均線，同時出現「頭頭低、底底低」空頭趨勢確認，收盤2300元多單賣出。後來股價下跌到1985元，但大立光的獲利仍然持續創新高，因此，停利與基本面無關。

資料來源：富邦e01電子交易系統

觀念5 ▶

　　一般正常走勢，多頭股價上漲利潤達15%，就會引來短線獲利賣壓，如果此時又接近壓力區，更容易引來解套的賣壓，因此，獲利達到15%以上時，要注意隨時出現的賣壓訊號，掌握機會賣在相對高點。

觀念6 ▶

多頭股票強勢上漲，獲利達20%～25%時，要注意容易回檔做較長時間的整理。

觀念7 ▶

高檔壓區，K線出現帶大量的長黑、長上影線、十字線等變盤線訊號，次日轉折下跌的機率很高，準備隨時出場。

觀念8 ▶

飆股漲勢凌厲，必須盯住走勢，當出現爆大量股價轉弱下跌時，要立刻獲利出場，出場後如再出現繼續強勢上漲時，再介入操作。

觀念9 ▶

空頭下跌達15%幅度，低接或回補比較不明顯，獲利回補位置以K線止跌回升訊號為主。

觀念10 ▶

長期均線（月線或季線）在股價的上方向下彎，會帶來較重的壓力，當股價靠近均線時，要注意反壓的賣出訊號。

觀念11 ▶

分清停利點與加碼點，看清是有獲利幅度的高點，還是盤整後的起漲點，有些人在盤整區買進後抱了好多天，結果開始突

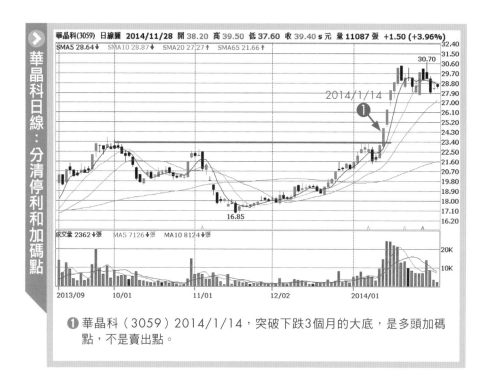

華晶科日線：分清停利和加碼點

華晶科(3059) 日線圖 2014/11/28 開 38.20 高 39.50 低 37.60 收 39.40 s 元 量 11087 張 +1.50 (+3.96%)

SMA5 28.64↓　SMA10 28.87↓　SMA20 27.27↑　SMA65 21.66↑

2014/1/14

30.70

16.85

成交量 2362↓張　MA5 7126↓張　MA10 8124↓張

❶ 華晶科（3059）2014/1/14，突破下跌3個月的大底，是多頭加碼點，不是賣出點。

破的第一天就趕緊賣掉，實在可惜。

觀念12

　　整體而言，停利點應該屬於操作策略的一環，當符合停利的條件出現時，就應該依照紀律停利，如此才能把握每次的獲利入袋。

第2章

依據操作紀律停利

停利的方式有許多種，主要可區分為3大類：依據操作紀律停利、預設獲利目標停利、依據特定條件停利，在接下來的3章，將分別詳加敘述。

依據操作紀律停利的方式如下：

方式1 ▶

用長線「趨勢操作」，當趨勢改變時停利出場。

方式2 ▶

用短線「K線轉折操作」，當K線收盤出現轉折時停利出場。

方式3 ▶

用短線「均線轉折操作」，當K線收盤跌破操作的均線時停利出場。

華晶科日線：多頭長線「趨勢操作」停利

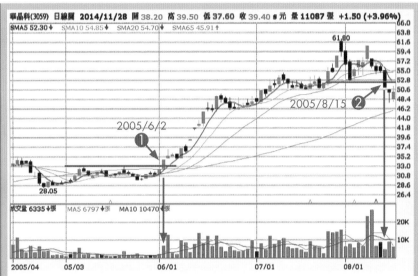

❶ 華晶科（3059）2005/6/2，日線大量長紅K線上漲，突破前面高點，
「頭頭高、底底高」多頭趨勢確認，均線為3線多頭排列向上，當天收
盤34.55元進場長線「趨勢操作」做多，當趨勢轉成空頭趨勢時，停利
出場。

❷ 2005/8/15，長黑K線，跌破前面最低點，跌破3條均線，同時「頭頭
低、底底低」空頭趨勢確認，收盤51.2元多單賣出。單次趨勢停利操
作，獲利16.65元，獲利率48.1%。

資料來源：富邦e01電子交易系統

華晶科日線·多頭短線「K線轉折操作」停利

華晶科(3059) 日線圖 2014/11/28 開38.20 高39.50 低37.60 收39.40 s元 量11087張 +1.50 (+3.96%)

① 華晶科2005/6/2，日線大量長紅K線上漲，突破前面高點，「頭頭高、底底高」多頭趨勢確認，均線為3線多頭排列向上，當天收盤34.55元進場，短線「K線轉折操作」做多，當K線轉折時，停利出場。

② 2005/6/22，黑K線跌破前一天最低點，轉折確認，收盤47.7元多單賣出。單次轉折停利操作，獲利13.15元，獲利率38%。

③ 2005/7/4，日線大量長紅K線上漲，突破前一天高點，轉折確認，當天收盤50.5元進場，短線「K線轉折操作」做多，當K線轉折時，停利出場。

④ 2005/8/1，長黑K線，跌破前一天最低點，轉折確認，收盤56.6元多單賣出。單次轉折停利操作，獲利6.1元，獲利率12%。

⑤ 2005/8/4，日線大量長紅K線上漲，突破前一天高點，轉折確認，當天收盤57.5元進場，短線「K線轉折操作」做多，當K線轉折時，停利出場。

⑥ 2005/8/10，大量長黑K線，跌破前一天最低點，轉折確認同時出現「頭頭低」的趨勢改變，收盤56.2元多單賣出。單次轉折停利操作，獲利-1.3元，賠利率-2.2%。

操作成果
● 用轉折停利操作，一共3次，獲利17.95元，獲利率51.9%。
● 與前例相同股票相比，用趨勢停利的獲利率是48.1%，K線轉折停利獲利較高。

資料來源：富邦e01電子交易系統

華晶科日線：多頭「5日均線轉折操作」停利

華晶科(3059) 日線圖 2014/11/28 開38.20 高39.50 低37.60 收39.40 s 元 量 11087 張 +1.50 (+3.96%)
$MA5 52.30↓　$MA10 54.85↓　$MA20 54.70↓　$MA65 45.91↑

2005/8/10
2005/6/23
2005/6/2
2005/7/4
2005/8/1
2005/8/4
61.80
28.05
成交量 6335↓張　MA5 6797↓張　MA10 10470↓張

❶ 華晶科2005/6/2，日線大量長紅K線上漲，突破前面高點，「頭頭高、底底高」多頭趨勢確認，均線3線多頭排列向上，當天收盤34.55元進場，短線「MA5均線轉折操作」做多，跌破MA5停利。

❷ 2005/6/23，黑K線收盤跌破MA5均線，轉折確認，收盤46.55元多單賣出。單次MA5均線轉折停利操作，獲利12元，獲利率34.7%。

❸ 2005/7/4，日線大量長紅K線上漲，突破前一天高點，轉折確認，當天收盤50.5元進場，短線「MA5均線轉折操作」做多，當跌破MA5均線時，停利出場。

❹ 2005/8/1，長黑K線，收盤跌破MA5均線，轉折確認，收盤56.6元多單賣出。單次MA5均線轉折停利操作，獲利6.1元，獲利率12%。

❺ 2005/8/4，日線大量長紅K線上漲，突破前一天高點，轉折確認，當天收盤57.5元進場，短線「MA5均線轉折操作」做多，當跌破MA5均線時，停利出場。

❻ 2005/8/10，大量長黑K線，收盤跌破MA5均線，轉折確認同時出現「頭頭低」的趨勢改變，收盤56.2元多單賣出。單次MA5均線轉折停利操作，獲利－1.3元，賠利率－2.2%。

操作成果
● 用MA5均線轉折停利操作，一共3次，獲利16.8元，獲利率48.6%。
● 前例相同股票用趨勢停利獲利率是48.1%，用MA5均線轉折停利獲利率是48.6%，獲利相當。

資料來源：富邦e01電子交易系統

晶睿日線：空頭「趨勢操作」停利

❶ 晶睿（3454）2011/8/1，日線大量黑K線下跌，跌破前面低點，「頭頭低、底底低」空頭趨勢確認，均線為3線空頭排列向下，當天收盤79元進場長線「趨勢操作」做空，當趨勢轉成多頭趨勢時，停利出場。

❷ 2011/10/17，大量跳空長紅K線，突破前面高點，突破3條均線，多頭趨勢確認，收盤60.9元空單回補。單次趨勢停利操作，獲利18.1元，獲利率22.9%。

資料來源：富邦e01電子交易系統

晶睿日線：空頭「K線轉折操作」停利

晶睿(3454)　日線圖　2014/12/01　開 96.50　高 100.50　低 96.30　收 100.50 s 元　量 782 張　+0.60 (+0.60%)

SMA5 58.34↑　SMA10 55.52↑　SMA20 56.36↑

❶ 晶睿2011/8/1，日線大量黑K線下跌，跌破前面低點，「頭頭低、底底低」空頭趨勢確認，均線為3線空頭排列向下，當天收盤79元進場做空，短線「K線轉折操作」做空，當K線轉折時，停利回補。

❷ 2011/8/10，大量紅K線，突破前一天最高點，轉折確認，收盤75.3元空單回補。單次轉折停利操作，獲利3.7元，獲利率4.6%。

❸ 2011/8/18，日線黑K線下跌，跌破前一天低點，轉折確認，當天收盤71.4元進場做空，短線「K線轉折操作」做空，當K線轉折時，停利回補。

❹ 2011/9/16，大量長紅K線，突破前一天最高點，轉折確認，收盤62.5元空單回補。單次轉折停利操作，獲利8.9元，獲利率12.4%。

❺ 2011/9/22，日線黑K線下跌，跌破前一天的低點，轉折確認，當天收盤61元進場做空，短線「K線轉折操作」做空，當K線出現轉折時，停利回補。

❻ 2011/10/11，大量長紅K線，跳空突破前一天最高點，轉折確認，收盤55.2元空單回補。單次轉折停利操作，獲利5.8元，獲利率9.5%。

操作成果
● 用轉折停利操作，一共3次，獲利18.4元，獲利率23.2%。
● 與前例相同股票相比，用趨勢停利獲利率是22.9%，K線轉折停利獲利略高。

資料來源：富邦e01電子交易系統

晶睿日線：空頭「5日均線轉折操作」停利

❶ 晶睿2011/8/1，日線大量黑K線下跌，跌破前面低點，「頭頭低、底底低」空頭趨勢確認，均線為3線空頭排列向下，當天收盤79元進場做空，短線「MA5均線轉折操作」做空，當K線突破MA5轉折時，停利回補。

❷ 2011/8/10，大量紅K線，收盤突破MA5，轉折確認，收盤75.3元空單回補。單次轉折停利操作，獲利3.7元，獲利率4.6%。

❸ 2011/8/16，黑K線下跌，跌破前一天低點，轉折確認，當天收盤74.7元進場做空，短線「MA5均線轉折操作」做空，當K線突破MA5轉折時，停利回補。

❹ 2011/8/24，黑K線，當K線突破MA5轉折時，轉折確認，收盤67.7元空單回補。單次轉折停利操作，獲利7元，獲利率9.3%。

❺ 2011/9/2，日線黑K線下跌，跌破前一天低點，轉折確認，當天收盤65.9元進場做空，短線「MA5均線轉折操作」做空，當K線突破MA5轉折時，停利回補。

❻ 2011/9/9，紅K線十字線，當K線突破MA5轉折時，轉折確認，收盤62.5元空單回補。單次轉折停利操作，獲利3.7元，獲利率5.6%。

❼ 2011/9/13，日線黑K線下跌，跌破前一天低點，轉折確認，當天收盤60.5元進場做空，短線「MA5均線轉折操作」做空，當K線突破MA5轉折時，停利回補。

文接右頁

⑧ 2011/9/16，長紅K線，當K線突破MA5轉折時，轉折確認，收盤62.5元空單回補。單次轉折停利操作，獲利－2元，獲利率－3.3%。

⑨ 2011/9/23，日線黑K線下跌，跌破前一天低點，轉折確認，當天收盤58元進場做空，短線「MA5均線轉折操作」做空，當K線突破MA5轉折時，停利回補。

⑩ 2011/10/7，紅K線十字線，當K線突破MA5轉折時，轉折確認，收盤52.9元空單回補。單次轉折停利操作，獲利5.1元，獲利率8.7%。

操作成果

● 用MA5均線轉折操作，一共5次，獲利17.5元，獲利率22.1%。
● 與前例相同股票相比，用K線轉折停利獲利率是23.2%，K線轉折停利獲利略高。

資料來源：富邦e01電子交易系統

第3章

▶ 預設獲利目標停利

學習完上一章的「依據操作紀律停利」之後，接下來要探討的是「預設獲利目標停利」：當達到預設獲利，出現K線轉折訊號時停利。

1. 每次進場股價收盤到達獲利10%，出現股價不漲或下跌時，停利出場。

2. 短線股價與月線乖離大於15%，股價不漲或下跌時，停利出場。

3. 到達型態目標價、V轉反彈目標價、波段預測目標價，股價不漲或反轉時，停利出場。

晶睿日線：多頭獲利10％停利

❶ 晶睿（3454）2012/1/4，大量長紅K線，突破前面高點，「頭頭高、底底高」多頭確認，收盤77元買進，獲利10%的目標為77×1.1=84.7元。

❷ 2012/1/9，最高價86.7，獲利超過10%，收盤黑K，股價下跌，收盤82.7元停利賣出。單次操作，獲利5.7元，獲利率7.4%。

❸ 2012/1/18，大量長紅K線，突破前一日高點，多頭續勢，收盤83.3元買進，獲利10%的目標為83.3×1.1=91.63元。

❹ 2012/2/2，最高價97.1，獲利超過10%，收盤黑K，股價下跌，收盤94.2元停利賣出。單次操作，獲利10.9元，獲利率13%。

❺ 2012/2/15，大量長紅K線，突破前一日高點，多頭續勢，收盤93.5元買進，獲利10%的目標為93.5×1.1=102.85元。

❻ 2012/2/23，最高價107，獲利超過10%，收盤長上影線十字黑K，收盤103元停利賣出。單次操作，獲利9.5元，獲利率10.1%。

❼ 2012/3/1，大量長紅K線，突破前一日高點，多頭續勢，收盤106元買進，獲利10%的目標為106×1.1=116.6元。

❽ 2012/3/8，最高價121，獲利超過10%，收盤長上影線黑K下跌，收盤114元停利賣出。單次操作，獲利8元，獲利率7.5%。

操作成果
●用10%目標停利做多操作，一共4次，獲利17.5元，獲利率44.2%。

晶睿日線：空頭獲利10％停利

❶ 晶睿2011/8/1，大量黑K線，跌破前面低點，「頭頭低、底底低」空頭確認，收盤79元放空，獲利10％的目標為79×0.9＝71.1元。

❷ 2011/8/9，最低價65.9，獲利超過10％，收盤紅K，股價上漲，收盤70.4元停利回補。單次操作，獲利8.6元，獲利率10.8％。

❸ 2011/8/17，黑K線，跌破前面低點，空頭續勢，收盤73.6元放空，獲利10％的目標為73.6×0.9＝66.24元。

❹ 2011/8/23，最低價63，獲利超過10％，收盤紅K上漲，收盤66.6元停利回補。單次操作，獲利7元，獲利率9.5％。

❺ 2011/9/2，黑K線，跌破前面低點，空頭續勢，收盤65.9元放空，獲利10％的目標為65.9×0.9＝59.31元。

❻ 2011/9/7，最低價58，獲利超過10％，收盤黑K十字變盤線，次日紅K上漲，收盤61.5元停利回補。單次操作，獲利4.4元，獲利率6.6％。

❼ 2011/9/22，黑K線，跌破前面低點，空頭續勢，收盤61元放空，獲利10％的目標為61×0.9＝54.9元。

❽ 2011/10/4，最低價49.8，獲利超過10％，收盤紅K上漲變盤線，收盤52元停利回補。單次操作，獲利9元，獲利率14.7％。

操作成果
●用10％目標停利做空操作，一共4次，獲利29元，獲利率36.7％。

資料來源：富邦e01電子交易系統

力旺日線：多頭月線正乖離大於15％停利

力旺(3529) 日線圖 2014/12/01 開 345.00 高 360.00 低 342.00 收 359.00 s 元 量 1786 張 +8.00 (+2.28%)

SMA20 336.90↑

2014/6/26 ❷　396.00

2014/6/16 ❶

MA20均線
318.85

161.50

成交量 584↑張　　MA5 344↑張　　MA10 284↑張

2014/03　　　　05/02　　　　06/03　　　　07/01

❶ 力旺（3529）2014/6/16，多頭回檔到月線（MA20）有支撐，紅K
線多頭續勢上漲。收盤300元買進。

❷ 2014/6/26，股價高點到396元，當天MA20均線值318.85元，乖離
＝（396－318.85）÷318.85＝24.1%，超過15%，次日股價黑K下
跌，收盤376元出場。單次操作，獲利76元，獲利率25.3%。

操作原則
●連續上漲，股價乖離過大時，當回檔下跌時，容易急速下跌，短線急漲的獲利要
先停利入袋。

資料來源：富邦e01電子交易系統

力旺日線：空頭月線負乖離大於15％停利

❶ 力旺2014/7/17，空頭反彈到月線（MA20），長黑K線再下跌，空頭續勢下跌。收盤329元放空。

❷ 2014/8/8，股價跌停板，低點到195.5元，當天MA20均線值281.58元，乖離＝（195.5－281.58）÷281.58＝－30.5％，超過15％，次日股價紅K上漲，收盤209元回補。單次操作，獲利120元，獲利率36.4％。

操作原則

連續下跌，股價乖離過大時，當反彈上漲時，容易急速反彈，短線急跌的獲利要先停利入袋。

資料來源：富邦e01電子交易系統

濟生日線：到達型態目標價停利

❶ 濟生（4111）2012/2/4，大量長紅K線，股價突破18.6元高點，底部
大頭肩底型態完成，型態目標價＝（18.6－12.5）＋18.6＝24.7元

❷ 2012/2/16，當天高點25.15元，收盤23.55元，到達目標價，股價爆
大量下跌，停利出場。

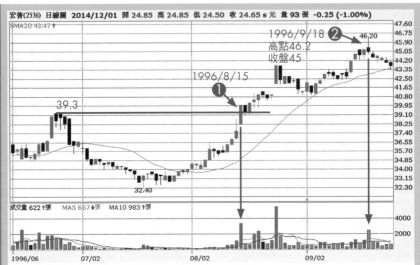

宏普日線：到達型態目標價停利

❶ 宏普（2536）1996/8/15，大量長紅K線，股價突破39.3元高點，底部圓弧底型態完成，型態目標價＝（39.3－32.4）＋39.3＝46.2元

❷ 1996/9/18，當天高點46.2元，收盤45元，到達目標價股價爆大量下跌，停利出場。

第4章

▶ 依據特定條件停利

除了「依據操作紀律停利」和「預設獲利目標停利」之外，還可根據6個特定條件停利，以下分別以範例探討。

▶條件1：做多到達壓力停利

到達重大壓力，如週線壓力、雙重或多重壓力、密集盤整區、超大量長黑下跌K線等位置，股價爆大量止漲回跌時，多單停利。（見P. 308「玉晶光線圖」）

▶條件2：做空到達支撐停利

到達重大支撐，如週線支撐、雙重或多重支撐、密集盤整區、超大量長紅上漲K線等位置，股價爆大量止跌反彈時，停利回補。（見P. 309「美時線圖」）

玉晶光日線

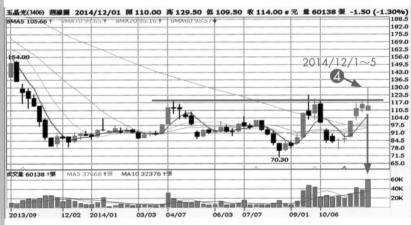

玉晶光週線

❶ 玉晶光（3406）日線，2014/11/13，大量長紅K線，突破前面高點，多頭確認，均線3線多頭排列向上，收盤94.4元做多買進。

❷ 股價沿MA5均線上漲，2014/12/2當天遇到前面頭部高點壓力，爆大量，股價開高走低長黑K下跌，收盤118元停利出場。獲利23.6元，獲利率25%。

❸ 2014/12/5，當天開盤跌停板，股價要回檔修正。

❹ 從玉晶光週線可清楚看出，當週股價上漲到前面2個頭部的重壓位置。

資料來源：富邦e01電子交易系統

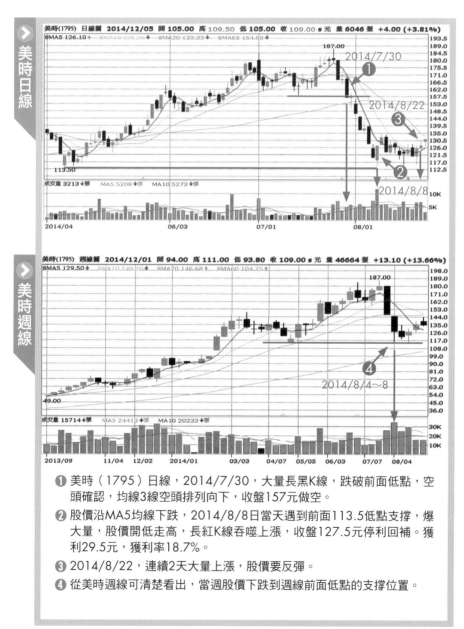

美時日線

美時(1795) 日線圖 2014/12/05 開 105.00 高 109.50 低 105.00 收 109.00 s 元 量 6046 張 +4.00 (+3.81%)
SMA5 126.10↑ SMA10 128.25↑ SMA20 133.33↓ SMA65 154.08↓

187.00
2014/7/30 ①
2014/8/22 ③
②
113.50
2014/8/8

成交量 3213↓張 MA5 5208↓張 MA10 5273↓張

美時週線

美時(1795) 週線圖 2014/12/01 開 94.00 高 111.00 低 93.80 收 109.00 s 元 量 46664 張 +13.10 (+13.66%)
SMA5 129.50↓ SMA10 148.20↓ SMA20 146.68↓ SMA60 104.75↑

187.00
④
2014/8/4～8
49.00

成交量 15714↓張 MA5 24413↓張 MA10 20233↓張

❶ 美時（1795）日線，2014/7/30，大量長黑K線，跌破前面低點，空頭確認，均線3線空頭排列向下，收盤157元做空。

❷ 股價沿MA5均線下跌，2014/8/8日當天遇到前面113.5低點支撐，爆大量，股價開低走高，長紅K線吞噬上漲，收盤127.5元停利回補。獲利29.5元，獲利率18.7%。

❸ 2014/8/22，連續2天大量上漲，股價要反彈。

❹ 從美時週線可清楚看出，當週股價下跌到週線前面低點的支撐位置。

資料來源：富邦e01電子交易系統

◉ 條件3：做多高檔停利

在做多高檔（連續3根以上的長紅上漲K線、趨勢末升段的急漲），爆大量和K線轉折訊號向下時，停利出場。

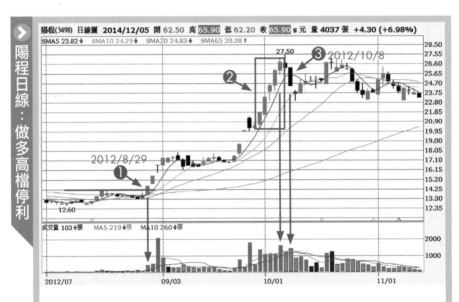

陽程日線：做多高檔停利

❶ 陽程（3498）2012/8/29，大量長紅K線，突破前面高點，多頭確認，均線3線多頭排列向上，收盤14.6元做多買進。

❷ 股價上漲到高檔，連續5天長紅上漲K線，出大量，K線出現轉折訊號時要準備停利。

❸ 2012/10/8，股價開低走低，大量長黑K下跌，收盤24.45元停利出場。獲利9.85元，獲利率67.4%。後續在高檔盤頭。

資料來源：富邦e01電子交易系統

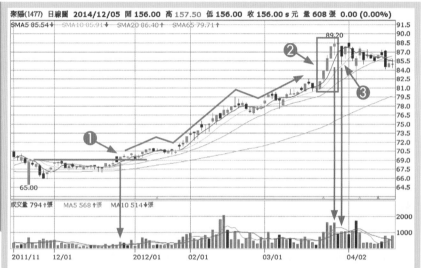

聚陽日線：做多高檔停利

❶ 聚陽（1477）底部打底完成，突破前面高點，多頭確認，均線4線多頭
　 排列向上，呈現中期多頭趨勢。

❷ 股價經過3波段上漲到高檔，連續5天長紅上漲K線，出大量，K線出現
　 轉折訊號時要準備停利。

❸ 股價開低走低，大量長黑K下跌，停利出場。後續開始高檔盤頭下跌。

資料來源：富邦e01電子交易系統

❯條件4：做空低檔停利

在做空低檔（連續3根以上的長黑下跌K線、趨勢末跌段的急跌），爆大量和K線轉折訊號向上時，停利回補。

伍豐日線：做空低檔停利

❶ 伍豐（8076）2014/9/16，大量長黑K線，跌破前面低點，空頭確認，均線4線空頭排列向下，收盤166元做空。

❷ 股價下跌到低檔，連續4天長黑K線下跌。

❸ 2014/10/28，股價開低走高，大量長紅K線上漲，出現紅K線吞噬轉折訊號，收盤94.6元停利出場。獲利71.4元，獲利率43%。後續強力反彈打底，轉成多頭。

資料來源：富邦e01電子交易系統

⟩條件5：上漲飆股回跌停利

上漲飆股每日漲停，當天大量打開漲停，向下回跌超過半根停板時，停利出場。

百徽日線：上漲飆股回跌停利

❶ 百徽（6259）2012/9/30，大量跳空長紅K線，突破前面高點，多頭確認，均線3線多頭排列向上，盤中打開漲停板價時12.7元買進做多。

❷ 連續飆漲7支漲停板，股價上漲到高檔，隨時準備獲利出場。2014/10/8，開盤漲停板，盤中爆大量打開漲停板，下跌到只剩上漲3.5%、股價18.25元獲利出場。獲利5.55元，獲利率43.7%。

❸ 2014/10/14，多頭回檔後，跳空長紅K線上漲，收盤19.15元做多買進。後續沒有飆漲，按一般多頭股票操作。

❹ 2014/10/24，上漲連續4根紅K上漲，成交量也同步放大，出現長黑K線的下跌，要注意K線轉折訊號，準備停利。

❺ 2014/10/27，長黑K線的下跌，出現K線轉折，收盤20.85元停利出場。獲利1.7元，獲利率8.8%。

操作成果

做多操作2次，獲利7.25元，獲利率57%。

資料來源：富邦e01電子交易系統

◗下跌飆股反彈停利

下跌飆股每日跌停，當天大量打開跌停，向上反彈超過半根停板時，停利回補。

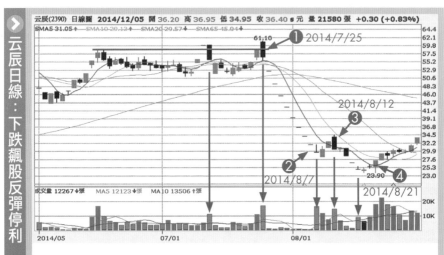

云辰日線：下跌飆股反彈停利

❶ 云辰（2390）2014/7/25，大量長黑K線吞噬，未突破前面2高點，高檔盤三重頭，在此可試空單，收盤56.5放空。

❷ 股價連續飆跌9支跌停板下跌到低檔，隨時準備獲利回補。2014/8/7，開盤跌停板，盤中爆大量打開跌停板，反彈到只剩下跌3.5%、股價30.7元獲利回補。獲利25.8元，獲利率45.6%。

❸ 2014/8/12，空頭反彈後，大量長黑吞噬K線下跌，收盤30.45元繼續做空。後續沒有飆跌，按一般空頭股票操作。

❹ 2014/8/21，大量長紅K上漲，出現K線轉折訊號，收盤27.4元停利回補。獲利3.05元，獲利率10%。

操作成果
做空操作2次，獲利28.85元，獲利率51%。

資料來源：富邦e01電子交易系統

Note

做對5個實戰步驟
你就是賺錢高手

Part 3

贏家策略

本書在Part 2詳細介紹了買賣股票操作流程的5大步驟，讀者按照每個步驟認真執行，假以時日就能開始在股市賺錢。

但是想要賺大錢，長期當贏家，單靠技術分析無法辦到。做股票不求每場戰役都贏，而是要贏得整個戰爭。學會贏家策略，才能成為股市贏家，永保甜美豐碩的果實。

第1章

▶順勢而為

孫子兵法第1章〈始計〉第4條：
計利以聽，乃為之勢，以佐其外。勢者，因利而制權也。

用兵取勝的關鍵，除了要有正確的策略，因勢利導更讓事半功倍。因此，作戰是一種藝術，要隨時根據對自己最有利的條件，靈活機動，採取相應的權宜措施。

股票市場變化快速，任何策略都必須順勢而為，永遠要在對自己有利的條件下去投資，同時要面對市場的變化隨機應變，千萬不能固守陳規，當市場方向（趨勢）改變，即使當初有再多看好的理由，都必須接受當下的方向，採取對自己最有利的行動。

▶隨勢強弱 調整持股

資金的控管絕非一成不變，勢強時可加碼，放大資金投入的成數，勢弱時則要審時度勢，減碼因應，如此在強勢上漲時可以大賺，轉弱時可以少賠。觀察波浪型態，只要相信它的走勢，調整策略去順應它，自然能夠趨吉避凶，大賺小賠。

第2章
謀定後動

孫子兵法第3章〈謀攻〉第7條：
知勝有五：知可以戰與不可以戰者勝，識眾寡之用者，勝。上下同
欲者，勝。以虞待不虞者，勝。將能而君不御者，勝。

作戰要預知能夠勝利的情況，要先分析敵我條件，確認可以戰或不可以戰，如果條件不足，戰勝機率不高，不可求戰，否則萬一屈居劣勢，不但難以戰勝，反而易失敗折損。

在商場上，與對手競爭，必須先衡量可戰或不可戰，否則未獲其利先遭其害，國際大企業同行之間的競爭更是如此。

操作股票，更要小心謹慎，進場前必須充研判可買或不可買，成功的勝率如何？如果不符合進場條件、趨勢不明，必須戒急用忍。

謀定而後動

用兵之道，必須「謀而後戰」，戰前要算計自己的取勝條件，取勝的條件多，然後再出兵，才有獲勝的可能；反之容易失敗，僅憑匹夫之勇，毫無算計謀略就出兵，必遭戰敗。

股票市場，更勝兵家爭戰，爾虞我詐，刃不見血，慘烈狀況

不亞於商場上的競爭，因此沒有戰勝的準備及算計，絕對不要輕易把自己辛苦賺來的金錢投入，否則必然賠錢，不可不慎！

◎進場前要研判什麼？

毫無準備就下場，無法避免賠錢的命運，進場前要研判以下4點：

研判1 ▶ 這檔股票的「勝率」大不大？

操作股票沒有百分之百的賺錢方程式，但有賺錢的勝率。贏面不大的戰爭，當然不要白白去犧牲（去賠錢）。就短線做多而言，日線多頭架構完成（頭頭高、底底高）趨勢確認，加上均線3線（MA5、MA10、MA20）多頭排列向上，這時順勢做多，成功賺錢的「勝率」大，賠錢停損的機率小。換句話說，不符合這樣條件的股票去做多，結果會剛好相反。

研判2 ▶ 這檔股票的「獲利率」高不高？

買進的股票有多少可能的獲利空間，也要預估好，投資人不可能買進所有「勝率」大的股票，所以要選擇獲利空間較大的股票。獲利空間的大小，可以在日線看短線的壓力，在週線看中長線的壓力。

研判3 ▶▶ **預先估算資金分配**

　準備進場買股票，要用多少資金操作？如果停損會賠多少資
金？能否承擔這些風險？

研判4 ▶▶ **專注基本面或技術面**

　如果投入一檔要長線操作的股票，當然要看基本面，如果只
是在做短線的價差，那麼專注技術面就可以了。

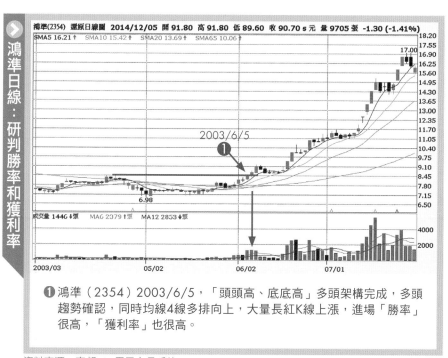

鴻準日線：研判勝率和獲利率

❶ 鴻準（2354）2003/6/5，「頭頭高、底底高」多頭架構完成，多頭
　 趨勢確認，同時均線4線多排向上，大量長紅K線上漲，進場「勝率」
　 很高，「獲利率」也很高。

資料來源：富邦e01電子交易系統

第3章

判別多空

孫子兵法第4章〈軍形〉第2條：
不可勝者，守也。可勝者，攻也。守則不足，攻則有餘。善守者，
藏於九地之下；善攻者，動於九天之上，故能自保而全勝也。

作戰時不想被敵人戰勝，防守要固若金湯；想戰勝敵人，進攻
要勢不可當。善於防守者，如同隱蔽兵力於地下，深藏不
露；善於進攻者，發動進攻如同神龍九霄而下。正所謂守能保衛自
己，攻能一舉奪勝。

在商場上，公司經營必須隨著市場的景氣變化調整，景氣不
好時要能守成，不被打敗；景氣好時，要能開疆拓土，擴展業
績。操作股票，要審時度勢，國際經濟衰退、國內景氣下滑、
大盤趨勢不佳時，要保守應對，投入資金要減少；當大環境變
好，趨勢成大多頭時，要抓住機會，全力做多。

▶股票沒有好壞 只有多空

再好的股票，在趨勢轉空頭時也會下跌，再差的股票，在趨
勢轉多頭時也會上漲。以大立光（3008）為例，獲利創新高，
可是趨勢轉空頭，股價照樣下殺。

大立光日線和營運績效

資料來源：富邦e01電子交易系統

大立光營收

月份	營收 （百萬元）	月增率	去年值	年增率	累計營收 （百萬元）	年增率
2014/10	5,453.82	17.95%	2,923.48	86.55%	34,386.57	63.33%
2014/09	4,623.90	16.68%	2,653.36	74.27%	28,921.37	59.51%
2014/08	3,962.81	12.77%	2,405.53	64.74%	24,295.51	56.98%
2014/07	3,514.00	3.02%	2,101.21	67.24%	20,335.78	55.63%
2014/06	3,410.96	0.54%	1,971.40	73.02%	16,833.28	53.58%
2014/05	3,392.59	5.56%	1,961.55	72.95%	13,437.04	49.58%

大立光稅前盈利

季度	盈利 （百萬元）	季增率	年增率	累計盈利	年增率	累計每股 收益（元）
2014第3季	6,035.89	20.41%	122.66%	14,575,937	97.06%	108.66
2014第2季	5,012.64	42.11%	87.53%	8,540,044	82.25%	63.67
2014第1季	3,527.40	−14.05%	75.24%	3,527,400	75.24%	26.30
2013第4季	4,104.05	51.40%	23.64%	11,500,715	68.85%	85.74
2013第3季	2,710.82	1.42%	91.91%	7,396,669	111.82%	55.14

　　大立光在2014/7/17～10/27的3個月，股價由2640元跌
到1950元，下跌26%。同時期的營業績效，第3季累計每股賺
108.66元，持續成長70.6%，獲利創新高。

　　至於玉晶光（3406），雖然營業賠錢創新高，可是趨勢轉多
頭，股價照樣飆漲（見下頁圖）。

　　玉晶光在2014/9/9～9/23的2週期間，股價由84.9元漲到
123.5元，上漲45.6%。同時期的營業績效，第3季累計每股
賠－7.98元，持續賠損。

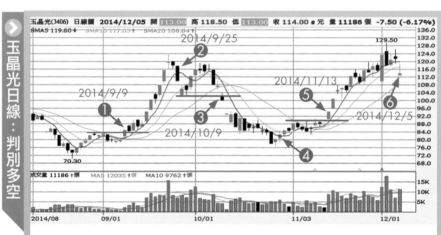

玉晶光日線：判別多空

❶ 玉晶光（3406），2014/9/9多頭確認，均線3線多頭排列，收盤84.9
　元做多。

❷ 黑K轉折下跌，收盤110元賣出，獲利25.1元，獲利率29.5%。

❸ 空頭確認，均線3線空頭排列，收盤100元做空。

❹ 紅K轉折上漲，收盤82.6元回補，獲利17.4元，獲利率17.4%。

❺ 多頭確認，均線3線多頭排列，收盤94.4元做多。

❻ K線轉折下跌，收盤114元賣出，獲利19.6元，獲利率20.7%。

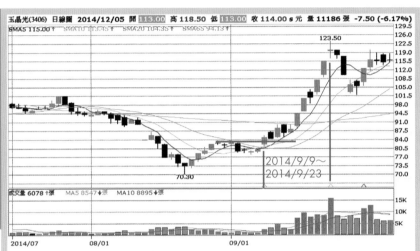

玉晶光日線和營運績效

資料來源：富邦e01電子交易系統

玉晶光營收

月份	營收（百萬元）	月增率	去年值	年增率	累計營收（百萬元）	年增率
2014/10	1,183.87	15.31%	929.14	27.42%	8,284.00	2.50%
2014/09	1,026.68	-1.05%	1,172.13	-12.41%	7,100.13	-0.74%
2014/08	1,037.59	10.19%	937.83	10.64%	6,073.45	1.54%
2014/07	941.59	33.69%	907.06	3.81%	5,035.86	-0.15%
2014/06	704.32	-17.05%	700.26	0.58%	4,094.27	-1.01%
2014/05	849.11	43.45%	756.98	12.17%	3,389.96	-1.34%

玉晶光稅前盈利

季度	盈利（百萬元）	季增率	年增率	累計盈利	年增率	累計每股收益（元）
2014第3季	-12.31	96.56%	85.44%	-793,187	-124.45%	-7.95
2014第2季	-357.87	15.40%	-63.36%	-780,875	-190.47%	-7.83
2014第1季	-423.00	-421.02%	-750.08%	-423,002	-750.08%	-4.24
2013第4季	-81.19	3.98%	-119.13%	-434,574	-135.43%	-4.46
2013第3季	-84.55	61.40%	-130.53%	-353,387	-144.05%	-3.66

後記

萬般皆由心

由地獄到天堂的分界線是人世凡間，這一關叫「心關」，萬般
皆由心，通過「心關」的考驗，自能到達彼岸。

股市是修煉人性的道場，任何一個能夠縱橫股市的投資人，
都是歷經千錘百鍊，絕對沒有一步登天的神蹟。

「技術分析」只是進入股市的基本知識，也是操盤的工具，
僅有工具，並不足以自行，在具備技術分析的基礎之後，必須
要在實戰中培養下面的5項能力，才能站穩腳步，成為股市長
期贏家：

能力1 ⟫

技術分析選好股的能力。

能力2 ⟫

等待進場，守株待兔的能力。

能力3 ▸

徹底執行停損的能力

能力4 ▸

紀律操作，獲利入袋的能力。

能力5 ▸

不貪不懼穩健獲利的能力

以上5項能力的訓練，需要自我要求，堅持修煉，等到時機成熟，自然水到渠成。

自從2011年5月我的第一本書出版之後，非常感謝這些年來讀者對我的鞭策及支持，雖然我把對股市所知道的一些淺學心得，盡心盡力分享給一般投資人（散戶大眾），但因個人才疏學淺，總有未全之處，尚祈讀者專家不吝指教。

做對5個實戰步驟

你 就 是

賺錢高手

作者：朱家泓

總編輯：張國蓮
副總編輯：李文瑜
美術設計：楊雅竹
封面攝影：張家禎

董事長：李岳能
發行：金尉股份有限公司
地址：新北市板橋區文化路一段 268 號 20 樓之 2
傳真：02-2258-5366
讀者信箱：moneyservice@cmoney.com.tw
網址：www.moneynet.com.tw
客服 Line@：@m22585366

製版印刷：科樂印刷事業股份有限公司
總經銷：聯合發行股份有限公司

初版 1 刷：2015 年 5 月
二版 1 刷：2017 年 8 月
二版 65 刷：2024 年 7 月

定價：320 元

國 家 圖 書 館 出 版 品 預 行 編 目 資 料

做對5個實戰步驟：你就是賺錢高手 /
朱家泓著 - 新北市：金尉，2017.08
328面； 17×23公分
ISBN 978-986-94047-1-6（平裝）
1. 股票投資 2. 投資技術 3. 投資分析
563.53   106002480

Money錢

Money錢